高等职业教育会计专业规划教材

U0661084

基础会计习题与项目实训

（第三版）

主　编　周红缨　赵恒伯

副主编　杨伶俐　胡　云　李　薇
　　　　罗荷英　李志茹　黄慧雯

参　编　白秋月　严艳焱　段云飞
　　　　何干君　杨银开

微信扫码
查看更多资源

南京大学出版社

前　言

　　《基础会计习题与项目实训》是教材《基础会计实务》配套辅导教材,是由长期从事职业教育、教学经验丰富、实践能力强的教师本着"知识够用、能力为主"的理念编写的。

　　本书分上、下篇两部分:

　　1.上篇:习题集

　　本书按教材的项目顺序编写,每一项目由四个部分组成:第一部分"训练目标",强调本项目训练的目标与能力培养;第二部分"关键概念",主要介绍重要的名词或专业术语;第三部分"练习题",包括单项选择题、多项选择题、判断题、名词解释、简答题、计算分析题、实务题等,通过练习使学生掌握所学的基本理论、基本知识,训练学生会计处理能力,提高学生分析问题、解决问题的能力;第四部分"测试题",便于学生自我检查学习状况,进一步巩固所学的知识。

　　2.下篇:项目实训

　　根据实际工作过程,按每一项目确定实训任务,进行仿真的模拟实训,主要包括填制和审核原始凭证、填制和审核记账凭证、登记账簿、对账和结账、编制会计报表等会计核算工作。实训内容具有一定的仿真性、实践性、启发性、应用性、综合性。通过实训,可以提高学生的动手操作能力、会计处理能力、职业判断能力以及分析问题、解决问题的能力,为以后学习和就业打下坚实的基础。本项目实训具有仿真性和体系的完整性,可以单独作为实训教材使用。

　　为了便于授课教师指导学生练习与实训,我们配备了习题与项目实训的参考答案,凡需要这些资料的教师均可以与本书责任编辑联系。

　　本书由江西旅游商贸职业学院周红缨、赵恒伯担任主编,江西旅游商贸职业学院杨伶俐、胡云、李薇、罗荷英、李志茹、黄慧雯担任副主编。具体分工如下:上篇习题集项目一、项目四、项目七由周红缨、赵恒伯编写,项目二由罗荷英编写,项目三由李薇编写,项目五由胡云编写,项目六由杨伶俐编写;下篇项目实训由杨伶俐、周红缨、李志茹、黄慧雯编写。参与编写的有江西兆盛燃气有限公司会计师白秋月、南昌江铃拖拉机有限公司会计师严艳焱、云南旅游职业学院杨银开、江西旅游商贸职业学院何干君和段云飞。

　　全书最后由周红缨、胡云负责修改与总纂,赵恒伯审定。

　　由于编者水平有限,加之时间较为仓促,书中难免会有错误和疏漏之处,恳请读者批评指正,以便今后修订。

编　者

2019 年 10 月

目　录

上篇　习题集

下篇　项目实训

上篇　习题集

项目一 了解会计

训练目标

1. 掌握会计的定义、职能、目标、对象、会计核算的方法。
2. 理解会计核算基础。
3. 理解会计核算的基本前提和会计信息质量要求。
4. 了解会计机构的设置、人员的配备和会计工作组织形式。
5. 熟悉会计人员的职业道德规范、会计岗位设置。

关键概念

1. 会计　2. 会计对象　3. 会计职能　4. 会计基础　5. 会计假设　6. 会计核算的方法
7. 会计机构　8. 会计人员　9. 会计岗位　10. 会计职业道德

练　习　题

一、单项选择题

1. 会计是以（　　）为主要计量单位,反映和监督一个单位的经济活动。

A. 实物　　　　　　　B. 商品　　　　　　　C. 货币　　　　　　　D. 劳动

2. "会计"一词最早产生于（　　）。

A. 西周　　　　　　　B. 宋朝　　　　　　　C. 唐朝　　　　　　　D. 秦朝

3. 会计对象是各单位的（　　）。

A. 经济活动　　　　　B. 经济资源　　　　　C. 资金运动　　　　　D. 劳动耗费

4. 近代会计的标志是（　　）。

A. 复式记账法

B. 电子计算机在会计中的应用

C. 会计的方法不断更新

D. 会计从生产职能中分离出来,成为一种独立的职能

5. 企业的会计核算必须以（　　）为基础。

A. 永续盘存制　　　　B. 权责发生制　　　　C. 收付实现制　　　　D. 实地盘存制

6. 下列各项中不属于会计核算内容的是（　　）。

A. 签订销售合同　　　　　　　　　　　　　B. 从银行提取现金

C. 购进材料   D. 支付水电费

7. 在进行会计核算时,应将企业财产与其他单位及个人财产区别开来,是会计核算基本前提中关于( )的要求。

A. 会计分期   B. 货币计量   C. 会计主体   D. 持续经营

8. ( )是指以货币为主要计量单位对企业发生的经济业务进行确认、计量、记录与报告。

A. 会计核算   B. 会计分析   C. 会计预测   D. 会计决策

9. 会计核算提供的信息应当以实际发生的经济业务为依据,如实反映财务状况和经营成果,这符合( )。

A. 可靠性原则   B. 相关性原则   C. 可理解性原则   D. 可比性原则

10. 下列( )岗位,不能属于会计岗位。

A. 出纳   B. 内部审计   C. 成本核算   D. 工资核算

11. 属于我国从事会计工作人员任职条件的是( )。

A. 具有会计专业技术资格   B. 具有从事会计工作所需要的专业能力

C. 具有中专以上专业学历   D. 担任会计专业职务

12. 某企业本月销售产品5万元,产品已发出并办妥相关手续,但货款并未收到,企业将其作为本月的收入处理,符合的是( )原则。

A. 相关性   B. 收付实现制

C. 权责发生制   D. 配比

13. 合理反映可能发生的各项损失和费用,体现的要求是( )。

A. 及时性   B. 谨慎性

C. 重要性   D. 实质重于形式

14. 计提折旧的一个会计核算前提是( )。

A. 会计主体   B. 会计分期   C. 持续经营   D. 货币计量

15. 权责发生制的要求是( )。

A. 本期实现的收入款项已经收到,才作为本期收入处理

B. 凡是在本期收到和付出的款项,都作为本期收入和费用处理

C. 本期已经发生的费用无论款项是否实际支付,都作为本期费用处理

D. 权责发生制和收付实现制在基本原理上是相同的

16. 计提应收账款的坏账准备,体现的要求是( )。

A. 可理解性   B. 重要性   C. 谨慎性   D. 可靠性

17. "常在河边走,就是不湿鞋",这句话所体现的会计职业道德规范的内容是( )。

A. 参与管理   B. 廉洁自律   C. 提高技能   D. 强化服务

二、多项选择题

1. 下列各项中,属于会计基本职能的是( )。

A. 评价职能   B. 核算职能   C. 预测职能   D. 监督职能

2. 会计核算贯穿于经济活动的全过程,会计核算的主要环节包括( )。

A. 报告   B. 计量   C. 记录   D. 确认

3. 会计期间分为( )。

A. 月度　　　　　　B. 年度　　　　　　C. 半年度　　　　　　D. 季度

4. 下列组织可以作为一个会计主体进行会计核算的有( )。

A. 独资企业　　　　　　　　　　B. 企业的销售部门

C. 分公司　　　　　　　　　　　D. 子公司

5. 工业企业的资金运动包括( )。

A. 资金的循环与周转　　　　　　B. 资金的投入

C. 资金的运用　　　　　　　　　D. 资金的退出

6. 下列会计处理体现了谨慎性原则的有( )。

A. 对资产计提减值准备　　　　　B. 加速折旧法

C. 先进先出法　　　　　　　　　D. 融资租入固定资产

7. 根据《中华人民共和国会计法》的规定,下列经济业务中,应当办理会计手续,进行会计核算的有( )。

A. 款项的收付　　　B. 财物的增减　　　C. 资本的增减　　　D. 债务的发生

8. 会计工作组织形式一般分为( )。

A. 集中核算　　　B. 非集中核算　　　C. 定期核算　　　D. 非定期核算

9. 会计核算中,采用的计量单位有( )。

A. 实物计量单位　　　　　　　　B. 商品计量单位

C. 货币计量单位　　　　　　　　D. 劳动计量单位

10. 下列项目中,属于会计核算方法的有( )。

A. 复式记账　　　　　　　　　　B. 登记账簿

C. 填制和审核会计凭证　　　　　D. 财产清查

11. 会计核算的基本前提包括( )。

A. 会计主体　　　B. 会计分期　　　C. 持续经营　　　D. 货币计量

12. 会计人员如果泄露本单位的商业秘密,可能导致的后果有( )。

A. 会计人员的信誉受到损失　　　B. 单位的经济利益受到损失

C. 会计行业的声誉受到损失　　　D. 会计人员将承担法律责任

13. 下列各项中,属于会计岗位的有( )。

A. 工资核算岗位　　　　　　　　B. 资金核算岗位

C. 计划管理岗位　　　　　　　　D. 会计档案管理岗位

14. 下列属于谨慎性原则要求的是( )。

A. 资产计价时从高　　　　　　　B. 负债估计时从高

C. 资产计价时从低　　　　　　　D. 不预计任何可能发生的收益

15. 按权责发生制要求,下列属于本期费用的是( )。

A. 本期摊销的费用　　　　　　　B. 本期发生的支出

C. 本期应付未付的费用　　　　　D. 本期预付的费用

16. 下列原则中,属于会计信息质量要求的是( )。

A. 及时性原则　　　　　　　　　B. 可理解性原则

C. 相关性原则　　　　　　　　　D. 实质重于形式原则

三、判断题

1. 1494 年,意大利数学家卢卡在《算术、几何及比例概要》中论述了借贷记账法,它标志着近代会计的开端。卢卡也由此被称为"近代会计之父"。　　　　　　　　　　( )

2. 企业会计的对象就是企业发生的各种经济活动。　　　　　　　　　　( )

3. 我国会计核算以人民币为记账本位币。业务收支以外币为主的企业,也可以选择某种外币作为记账本位币,但编制的财务报表应当折合为人民币反映。　　　　　　( )

4. 会计只能用货币量度进行反映和监督。　　　　　　　　　　　　　　( )

5. 会计核算,简单地说就是记账、算账与报账。　　　　　　　　　　　( )

6. 会计主体假设确定了会计核算的空间范围,会计分期假设确定了会计核算的时间范围。　　　　　　　　　　　　　　　　　　　　　　　　　　　　　　( )

7. 会计主体与法律主体不完全对等,法律主体必然是一个会计主体,但会计主体不一定是法律主体。　　　　　　　　　　　　　　　　　　　　　　　　　　( )

8. 企业将融资租入设备作为自有固定资产核算是对谨慎性原则的具体应用。　( )

9. 出纳人员不得兼任稽核、会计档案保管,以及收入、支出、费用、债权债务账目的登记工作。　　　　　　　　　　　　　　　　　　　　　　　　　　　　　( )

10. 会计检查方法和会计分析方法是会计核算的延伸,属于会计核算方法。　( )

11. 会计期间就是指会计年度。　　　　　　　　　　　　　　　　　　　( )

12. 根据权责发生制,凡是不属于当期的收入和费用,即使款项已在当期收付,也不应当作为当期的收入和费用。　　　　　　　　　　　　　　　　　　　　　( )

13. 没有取得会计从业资格证的人员,不得从事会计工作。　　　　　　　( )

14. 会计的职能就是核算和监督。　　　　　　　　　　　　　　　　　　( )

15. 会计目标主要是为会计信息使用者提供会计信息。　　　　　　　　　( )

四、名词解释

1. 会计
2. 会计对象
3. 会计工作组织
4. 会计假设
5. 权责发生制

五、简答题

1. 简述会计对象。
2. 简述会计职能。
3. 简述会计核算的方法,以及各方法之间的关系。
4. 简述你对权责发生制的理解。
5. 简述会计职业道德。
6. 简述会计岗位。

六、计算分析题

目的：练习并掌握收入、成本费用和利润的核算。

资料：某企业1月份发生下列经济业务：

（1）1月1日，以银行存款12 000元支付本年度财产保险费；

（2）1月5日，销售产品一批，价款80 000元已收到，该产品成本为40 000元；

（3）1月6日，以银行存款支付上年应付的借款利息5 000元；

（4）1月13日，销售产品一批，价款60 000元，款项尚未收到，该产品成本为30 000元；

（5）1月17日，收到上月销售产品的应收款20 000元，该产品成本为10 000元；

（6）1月31日，计算出本月应付的短期借款利息2 000元。

要求：依据权责发生制计算本月的收入、本月的成本费用、本月的利润。

测　试　题

一、单项选择题（每题2分，共20分）

1. 会计的基本职能是（　　）。

A. 记账与算账　　　　　　　　　　B. 反映与核算

C. 核算与监督　　　　　　　　　　D. 记账、算账与报账

2. 下列各项中，不属于会计岗位的是（　　）。

A. 出纳　　　　　　　　　　　　　B. 会计档案管理

C. 仓库保管员　　　　　　　　　　D. 财产物资核算岗位

3. 下列说法中正确的是（　　）。

A. 会计是适应生产的发展和经济管理的要求而产生和发展的

B. 我国最早在宋朝出现"会计"一词

C. 会计的最基本的职能是监督

D. 会计的对象是企业的全部经济活动

4. 确定会计核算工作空间范围的前提条件是（　　）。

A. 会计主体　　　　B. 持续经营　　　　C. 会计分期　　　　D. 货币计量

5. 企业于1月月初用银行存款1 500元支付第一季度房租，依据权责发生制，本月的费用是（　　）元。

A. 1 500　　　　　B. 500　　　　　　C. 0　　　　　　　D. 375

6. 企业处理会计业务的方法和程序前后各期保持一致，不随意变更，体现了（　　）。

A. 可靠性原则　　　B. 相关性原则　　　C. 可理解性原则　　D. 可比性原则

7. 计提各类资产的减值损失，体现的原则是（　　）。

A. 可理解性原则　　B. 重要性原则　　　C. 谨慎性原则　　　D. 可靠性原则

8. 借贷记账法产生于（　　）。

A. 意大利　　　　　B. 中国　　　　　　C. 美国　　　　　　D. 英国

9. 下列各项中，属于资金运用的是（　　）。

A. 向投资者分配利润　　　　　　B. 偿还各项债务

C. 上交各项税金　　　　　　　　D. 购买材料

10. 会计工作组织形式一般分为（　　　）。

A. 集中核算和非集中核算　　　　B. 定期核算和非定期核算

C. 全部核算和部分核算　　　　　D. 单位核算和部门核算

二、多项选择题(每题 2 分,共 20 分)

1. 下列各项工作中,出纳人员不得兼管的有（　　　）。

A. 稽核　　　　　　　　　　　　B. 会计档案保管

C. 收入、支出、费用的登记工作　　D. 债权债务账目的登记工作

2. 会计作为一种经济管理活动,具有的特点有（　　　）。

A. 以货币为主要计量单位

B. 会计核算具有一系列专门的方法

C. 提供的财务信息具有连续性、系统性、全面性

D. 会计的基本职能是核算和监督

3. 会计核算的方法有（　　　）。

A. 设置账户　　B. 复式记账　　C. 财产清查　　D. 编制财务报告

4. 会计信息使用者包括（　　　）。

A. 投资者　　　　　　　　　　　B. 债权人

C. 政府及其有关部门　　　　　　D. 社会公众

5. 权责发生制的要求是（　　　）。

A. 属于本期的收入,无论款项是否实际收到,都作为本期收入处理

B. 凡是在本期收到的款项,都作为本期收入处理

C. 属于本期的费用,无论款项是否实际支付,都作为本期费用处理

D. 凡是在本期付出的款项,都作为本期费用处理

6. 会计的监督包括（　　　）。

A. 事前监督　　B. 事中监督　　C. 外部监督　　D. 事后监督

7. 会计方法包括（　　　）。

A. 会计核算方法　　B. 会计分析方法　　C. 会计检查方法　　D. 监督方法

8. 下列属于谨慎性原则的是（　　　）。

A. 加速折旧　　　　　　　　　　B. 坏账准备

C. 存货跌价准备　　　　　　　　D. 固定资产减值准备

9. 会计核算的特点包括（　　　）。

A. 会计以货币为主要计量单位

B. 会计核算具有全面性、系统性、连续性

C. 反映已经发生或已经完成的经济业务

D. 预测经济前景

10. 会计对象包括（　　　）。

A. 资金运动　　B. 资金的投入　　C. 资金的运用　　D. 资金的退出

三、判断题(每题 1 分,共 10 分)

1. 我国最早出现"会计"一词是在西周。 （ ）
2. 会计中期就是指半年。 （ ）
3. 我国会计核算必须以人民币为记账本位币。 （ ）
4. 会计只能用货币量度进行反映和监督。 （ ）
5. 会计核算是会计监督的基础,会计监督是会计核算质量的保障。 （ ）
6. 不预计任何可能发生的收益,体现了谨慎性原则。 （ ）
7. 法律主体不一定是会计主体。 （ ）
8. 会计机构负责人除取得会计证外,还应当具备会计师以上专业技术职务资格或者从事会计工作 3 年以上经历。 （ ）
9. 会计核算包括确认、计量、记录与报告等环节。 （ ）
10. 相关性要求企业提供的会计信息能满足不同会计信息使用者的需要,这就要求会计在对企业发生的经济业务进行核算时,不分业务的巨细均应采用相同的会计处理方法。

（ ）

四、名词解释(每题 4 分,共 20 分)

1. 会计核算
2. 会计主体
3. 会计目标
4. 会计职业道德

五、简答题(每题 10 分,共 30 分)

1. 简述对会计定义的理解。
2. 什么是会计确认、计量、记录与报告?
3. 简述会计人员的基本任职条件。

项目二　账户设置与复式记账

训练目标

1. 熟练地指出发生的经济业务所涉及的会计要素及对会计等式的影响。
2. 能编制会计分录,根据会计分录登记账户,并编制试算平衡表。

关键概念

1. 会计要素　2. 资产　3. 负债　4. 所有者权益　5. 收入　6. 费用　7. 利润　8. 会计等式　9. 会计科目　10. 账户　11. 账户的用途　12. 账户的结构　13. 总分类账户　14. 明细分类账户　15. 复式记账法　16. 借贷记账法　17. 对应账户　18. 试算平衡

练 习 题

一、单项选择题

1. 账户的结构一般分为(　　)。

A. 左右两方　　　　　　　　　　B. 上下两部分

C. 发生额、余额两部分　　　　　　D. 前后两部分

2. 下列各项关于收入的说法中,正确的是(　　)。

A. 收入是企业日常活动中形成的、会导致所有者权益增加、与投资者投入资本有关的经济利益的总流入

B. 收入是企业日常活动中形成的、会导致所有者权益增加、与投资者投入资本无关的经济利益的总流入

C. 收入是企业全部活动中形成的、会导致负债增加、与投资者投入资本有关的经济利益的总流入

D. 收入是企业日常活动中形成的、会导致负债增加、与投资者投入资本有关的经济利益的总流入

3. 下列各项会计要素中,属于反映企业经营成果的是(　　)。

A. 负债　　　　　B. 资产　　　　　C. 利润　　　　　D. 所有者权益

4. 不属于反映企业财务状况的会计要素是(　　)。

A. 所有者权益　　B. 负债　　　　　C. 利润　　　　　D. 资产

5. 下列各项工作中,不以会计等式为理论基础的是(　　)。

A. 复式记账　　　　　　　　　　　　B. 成本计算

C. 编制资产负债表　　　　　　　　　D. 试算平衡

6. 企业以银行存款缴纳税金,该业务对资产和负债的影响为(　　)。

A. 资产与负债同增　　　　　　　　　B. 资产与负债同减

C. 资产增加,负债减少　　　　　　　D. 资产减少,负债增加

7. 依据《企业会计准则》的规定,下列有关收入和利得的表述中,正确的是(　　)。

A. 收入源于日常活动,利得也可能源于日常活动

B. 收入会影响利润,利得也一定会影响利润

C. 收入源于日常活动,利得源于非日常活动

D. 收入会导致所有者权益的增加,利得不一定会导致所有者权益的增加

8. 下列关于损失的说法中,正确的是(　　)。

A. 损失是指由企业日常活动所发生的、会导致所有者权益减少的经济利益的流出

B. 损失只能计入所有者权益项目,不能计入当期损益

C. 损失是指由企业非日常活动所发生的、会导致所有者权益减少的、与向所有者分配利
润无关的经济利益的流出

D. 损失只能计入当期损益,不能计入所有者权益项目

9. 根据负债的基本特征判断,下列不是负债的是(　　)。

A. 应付账款　　　B. 预收账款　　　C. 其他应付款　　　D. 预付账款

10. 某企业2019年10月月末负债总额120万元,11月份收回应收账款20万元,用银行
存款归还借款15万元,预付购货款6万元,11月月末负债总额为(　　)万元。

A. 105　　　　　　B. 111　　　　　　C. 115　　　　　　D. 121

11. 账户的"期末余额"一般在(　　)。

A. 账户的左方　　　B. 账户的右方　　　C. 增加方　　　　　D. 减少方

12. 收入类账户期末结账后,应是(　　)。

A. 贷方余额　　　　　　　　　　　　B. 借方余额

C. 没有余额　　　　　　　　　　　　D. 借方或贷方余额

13. 在复式记账法下,对每项经济业务都可以以相等的金额,在(　　)。

A. 一个或一个以上账户中登记　　　　B. 两个账户中登记

C. 两个或两个以上账户中登记　　　　D. 相互关联的两个或两个以上账户中登记

14. 在复合会计分录中,借:固定资产50 000,贷:银行存款30 000,应付账款20 000,则与
"银行存款"账户对应的应是"(　　)"账户。

A. 应付账款　　　　　　　　　　　　B. 银行存款

C. 固定资产　　　　　　　　　　　　D. 固定资产和银行存款

15. 在借贷记账法下,成本费用类账户(　　)。

A. 一定有借方余额　　　　　　　　　B. 一定有贷方余额

C. 一定没有余额　　　　　　　　　　D. 可能有借方余额或没余额

16. "预付账款"账户的期末余额等于(　　)。

A. 期初余额＋本期贷方发生额－本期借方发生额

B. 期初余额＋本期借方发生额－本期贷方发生额

C. 期初余额＋本期贷方发生额＋本期借方发生额

D. 期初余额－本期贷方发生额－本期借方发生额

17. 某负债类账户的贷方期末余额为 80 000 元,本期借方发生额为 60 000 元,本期贷方发生额为 50 000 元,则期初余额为( )元。

    A. 100 000   B. 90 000   C. 80 000   D. 70 000

18. 在借贷记账法下,( )登记在账户的借方。

    A. 资产减少额   B. 负债增加额   C. 负债减少额   D. 所有者权益增加额

19. 某企业"应收账款"总分类账户期初余额为 8 000 元,明细分类账分别为:甲厂借方 4 000 元,乙厂借方 2 500 元,则丙厂为( )。

    A. 借方 1 500 元   B. 贷方 1 500 元

    C. 贷方 6 500 元   D. 借方 6 500 元

20. 下列各项中,能引起资产和负债同时增加的经济业务是( )。

    A. 以银行存款购买材料   B. 向银行借款,并存入银行存款户

    C. 以无形资产向外单位投资   D. 以银行存款偿还应付账款

二、多项选择题

1. 下列各项收到的款项中,属于收入的有( )。

    A. 出租无形资产收到的租金   B. 销售商品收取的增值税

    C. 出售原材料收到的价款   D. 出售无形资产所有权收到的价款

2. 下列各项中,属于资产必须具备的基本特征的有( )。

    A. 预期会给企业带来经济利益   B. 经营租入的设备

    C. 由过去的交易或事项形成   D. 具有可辨认性

3. 下列错误中,能够通过试算平衡发现错误的有( )。

    A. 一项经济业务被漏记了贷方金额   B. 应借、应贷科目的方向颠倒

    C. 借方多记了金额   D. 借、贷双方同时多记了相等的金额

4. 关于所有者权益,下列说法中,正确的有( )。

    A. 所有者权益是指企业资产扣除负债后由所有者享有的剩余权益

    B. 企业的利得和损失会引起所有者权益增减变动

    C. 所有者权益金额应单独计量,不取决于资产和负债的计量

    D. 所有者权益项目应当列入利润表

5. 下列项目中,属于所有者权益来源的有( )。

    A. 所有者投入的资本   B. 直接计入所有者权益的利得和损失

    C. 留存收益   D. 发行债券筹集的资金

6. 下列经济业务中,会导致企业资产总额发生变化的经济业务有( )。

    A. 支付上期已入库的原材料价款 20 000 元

    B. 支付本期应交增值税 2 000 元

    C. 购入一批售价为 5 000 元的原材料,货款已付

    D. 预付货款 10 000 元

7. 下列有关"资产＝负债＋所有者权益"会计等式的说法中,正确的有( )。

A. 该等式是企业在某一时点上所拥有的经济资源的不同表现形式

B. 该等式是企业在某一期间内所拥有的经济资源的不同表现形式

C. 该等式是复式记账的理论基础

D. 该等式是编制资产负债表的依据

8. 借贷记账法下,账户的借方可登记(　　)。

A. 资产的增加　　　　　　　　　B. 负债的减少

C. 所有者权益的增加　　　　　　D. 成本的增加

9. 某会计培训学员小王、小张、小李、小孙一起讨论有关账户借、贷方登记的问题,下列说法中正确的是(　　)。

A. 小张说:"借方登记增加,贷方登记减少。"

B. 小孙说:"借方登记成本、费用的增加,收入的减少,贷方相反。"

C. 小王说:"借方登记资产、负债、所有者权益的增加,贷方登记收入、费用的增加。"

D. 小李说:"借方登记资产的增加,贷方登记负债、所有者权益的增加。"

10. 在编制试算平衡表时,应该注意(　　)。

A. 如果试算平衡,说明账户记录正确无误

B. 必须保证所有账户的余额均已记录于试算平衡表

C. 如果试算不平衡,账户记录肯定有错误,应该认真查找,直到平衡为止

D. 即使试算平衡,也不能说明账户记录绝对正确

11. 一个完整的会计分录其内容应包括(　　)。

A. 应记账户的名称　　　　　　　B. 应记入账的金额

C. 应记账户的方向　　　　　　　D. 应记入账的时间

12. 下列项目中,属于企业无形资产的是(　　)。

A. 企业债券　　　B. 专利权　　　C. 商标权　　　D. 土地

13. 下列关于利润的说法中,正确的有(　　)。

A. 利润是指企业在一定会计期间的经营成果

B. 利润反映企业某一时点的财务状况

C. 利润金额的确定主要取决于收入和费用的计量,不考虑利得和损失金额的影响

D. 计入当期损益、会导致所有者权益发生增减变动的、与所有者投入资本或者向所有者分配利润无关的利得和损失包括在利润中

14. 期末结账后没有余额的账户是(　　)。

A. 主营业务收入　　　　　　　　B. 投资收益

C. 实收资本　　　　　　　　　　D. 其他业务收入

三、判断题

1. 预付账款和预收账款均属于负债。　　　　　　　　　　　　　　　　　　(　　)

2. "资产＝负债＋所有者权益"等式反映了企业一定期间的财务状况,它是编制资产负债表的基础。　　　　　　　　　　　　　　　　　　　　　　　　　　　　　　(　　)

3. 企业出售固定资产取得的经济利益总流入,属于收入。　　　　　　　　　(　　)

4. 资产与权益是企业所拥有的资源在同一时点上的不同表现形式。　　　　(　　)

5. 在会计账户体系中,一个账户与另一个账户之间必然存在账户对应关系。 （　　）

6. 在试算平衡表中,虽然实现了"期初余额""本期发生额"和"期末余额"三栏的平衡关系,但仍然不能保证账户记录是完全正确的。 （　　）

7. 一般来说,一个复合会计分录可以分解为若干个简单会计分录。 （　　）

8. 若企业所有总分类账户期初余额是平衡的,即使本期发生额试算不平衡,期末余额试算也有可能会平衡。 （　　）

9. 凡有借方余额的账户均是资产类账户,凡有贷方余额的账户均为负债类或所有者权益类账户。 （　　）

10. 借贷记账法的记账规则是"先借后贷,左右错开"。 （　　）

四、计算分析题

目的:熟悉各类账户的结构。

资料:会通公司 2019 年有关资料如下表所示:

单位:元

账户名称	期初余额	本期借方发生额	本期贷方发生额	期末余额
库存现金	4 000	2 000		4 750
银行存款	75 000	50 000	91 000	
应收账款		52 300	43 000	17 000
短期借款	50 000		25 000	45 000
实收资本	150 000		0	150 000
固定资产	67 000	5 400		56 500
原材料		6 450	8 670	7 410
应付账款	2 000		1 500	2 100

要求:根据各类账户的结构关系,计算并填写上列表格中的空格。

五、实务题

1. 用直线连接,说明下列项目应归属的会计要素:

项目	会计要素
营业利润	资产
长期股权投资	负债
期间费用	所有者权益
营业收入	收入
未分配利润	费用
预付账款	利润
预收账款	

2. 三星公司以前的资产总额为 956 000 元。该公司 2020 年 1 月份发生的经济业务如下:

(1) 从银行提取现金 2 000 元,作为备用金。

（2）收到投资者投入资本 210 000 元,存入银行。

（3）以银行存款 32 500 元支付前欠大众工厂的购料款。

（4）从银行取得借款 23 000 元,归还前欠东方工厂的购料款。

（5）以银行存款上缴所欠税金 8 500 元。

（6）向 MN 公司购买材料 14 000 元,货款尚未支付。

（7）采购员李平出差,预支差旅费 3 000 元,以银行存款支付。

（8）生产领用材料 12 000 元。

（9）向银行借入资金 150 000 元,存入银行。

（10）收回 A 企业前欠的销货款 35 000 元,存入银行。

要求:

（1）分析每笔经济业务所引起的资产和权益有关项目增减变动的情况,指出属于何种类型的经济业务。

（2）计算三星公司 2020 年 1 月发生上述经济业务以后的资产和权益总额,验证两者是否相等。

3. 甲企业相关资料如下:

甲企业的试算平衡表

2020 年 2 月 1 日

单位:元

会计科目	借方余额	贷方余额
银行存款	60 000	
应收账款	50 000	
原材料	40 000	
短期借款		50 000
应付账款		30 000
实收资本		70 000
合　计	150 000	150 000

2 月份发生如下业务:

（1）收回应收账款 40 000 元,并存入银行。

（2）用银行存款 20 000 元购入原材料(假定不考虑增值税,材料采用实际成本进行日常核算),原材料已验收入库。

（3）用银行存款偿还应付账款 30 000 元。

（4）用银行存款偿还银行短期借款 10 000 元。

（5）收到投资人追加的投资 50 000 元,并存入银行(假定全部为实收资本)。

（6）购入原材料,货款为 30 000 元,原材料已验收入库,货款尚未支付。

要求:

（1）编制上述业务的会计分录。

（2）编制甲企业 2020 年 2 月 29 日试算平衡表。

测 试 题

一、单项选择题(每题 2 分,共 36 分)

1. 会计要素是对(   )的进一步分解和具体化。
   A. 会计职能   B. 会计目标   C. 会计对象   D. 会计循环

2. 下列属于资产类的是(   )。
   A. 预收账款   B. 应收账款   C. 应付账款   D. 资本公积

3. 下列能使所有者权益增加的业务是(   )。
   A. 向银行借款   B. 购买原材料
   C. 销售产品取得收入   D. 支付产品销售费用

4. 复式记账试算平衡的基础是(   )。
   A. 会计目标   B. 会计要素   C. 会计职能   D. 会计等式

5. 复式记账法是对每一笔经济业务都要在(   )相互联系的账户中进行登记。
   A. 两个   B. 三个
   C. 一个   D. 两个或两个以上

6. 所有者权益类账户借方记录(   )。
   A. 增加发生额   B. 减少发生额
   C. 增加或减少发生额   D. 以上都不对

7. 费用成本类账户借方登记(   )。
   A. 增加发生额   B. 减少发生额
   C. 增加或减少发生额   D. 以上都不对

8. 负债类账户的期末余额一般在(   )。
   A. 借方   B. 贷方
   C. 借方或贷方   D. 一般无期末余额

9. "应收账款"账户的期末余额等于(   )。
   A. 期初余额＋本期借方发生额－本期贷方发生额
   B. 期初余额－本期借方发生额－本期贷方发生额
   C. 期初余额＋本期借方发生额＋本期贷方发生额
   D. 期初余额－本期借方发生额＋本期贷方发生额

10. 下列经济业务的发生,不会导致会计等式两边总额发生变化的有(   )。
    A. 收回应收账款并存入银行   B. 从银行取得借款并存入银行
    C. 以银行存款偿还应付账款   D. 收到投资者以无形资产进行的投资

11. 某企业资产总额为 100 万元,当发生以下三笔经济业务后:向银行借款 20 万元存入银行;用银行存款偿还欠款 5 万元;收回应收账款 4 万元存入银行。其资产总额为(   )万元。
    A. 115   B. 119   C. 111   D. 71

12. 借贷记账法的理论依据是(   )。

A. 复式记账法 　　　　　　　　　　　B. 资产＝负债＋所有者权益

C. 有借必有贷,借贷必相等 　　　　　D. 借贷平衡

13. 某企业月末编制的试算平衡表中,全部账户的本月借方发生额合计为 900 000 元,除"应付账款"账户以外,其他账户的本月贷方发生额合计为 895 000 元,则"应付账款"账户( )。

A. 本月借方发生额 5 000 元 　　　　B. 本月贷方发生额为 5 000 元

C. 月末借方余额为 5 000 元 　　　　D. 月末贷方余额为 5 000 元

14. 某项经济业务的会计分录为:

借:资本公积　　　　5 000

　　贷:实收资本　　　　5 000

该会计分录表示( )。

A. 一个资产项目减少 5 000 元,一个所有者权益项目增加 5 000 元

B. 一个所有者权益项目增加 5 000 元,另一个所有者权益项目减少 5 000 元

C. 一个资产项目增加 5 000 元,一个所有者权益项目增加 5 000 元

D. 一个所有者权益项目增加 5 000 元,另一个所有者权益项目增加 5 000 元

15. 下列错误中,能通过试算平衡查找的有( )。

A. 某项经济业务未入账 　　　　　　B. 某项经济业务重复记账

C. 应借、应贷账户中借贷方向颠倒 　D. 应借、应贷账户中借贷金额不等

16. 购进材料未付款时,这笔未结算的款项作为一项( )加以确认。

A. 资产 　　　　　B. 负债 　　　　　C. 费用 　　　　　D. 收入

17. 下列引起资产和负债同时增加的经济业务是( )。

A. 以银行存款偿还银行借款 　　　　B. 收回应收账款存入银行

C. 购进材料一批货款未付 　　　　　D. 以银行借款偿还应付账款

18. 某企业本期期初资产总额为 140 000 元,本期期末负债总额比期初增加 20 000 元,所有者权益总额比期初减少 10 000 元,则企业期末资产总额为( )元。

A. 170 000 　　　　B. 130 000 　　　　C. 150 000 　　　　D. 120 000

二、多项选择题(每题 2 分,共 24 分)

1. 会计要素包括( )。

A. 固定资产 　　　B. 流动负债 　　　C. 所有者权益 　　　D. 收入

2. 下列属于资产类的有( )。

A. 累计折旧 　　　　　　　　　　　　B. 融资租入固定资产

C. 人力资源 　　　　　　　　　　　　D. 长期投资

3. 下列会计科目中,属于流动资产科目的有"( )"。

A. 原材料 　　　　B. 应收账款 　　　C. 库存商品 　　　D. 应付账款

4. 属于期间费用的有( )。

A. 销售费用 　　　B. 制造费用 　　　C. 财务费用 　　　D. 管理费用

5. 反映经营成果的会计要素有( )。

A. 收入 　　　　　B. 费用 　　　　　C. 成本 　　　　　D. 利润

6. 某项经济业务发生后,一个资产账户记借方,则有可能( )。

A. 另一个资产账户记贷方　　　　　　　B. 另一个负债账户记贷方

C. 另一个所有者权益账户记贷方　　　　D. 另一个资产账户记借方

7. 会计分录包括( )。

A. 简单会计分录　　　　　　　　　　　B. 复合会计分录

C. 单式分录　　　　　　　　　　　　　D. 混合分录

8. 试算平衡表无法发现的错误有( )。

A. 漏记某项经济业务　　　　　　　　　B. 重记某项经济业务

C. 颠倒记账方向　　　　　　　　　　　D. 漏记一个借方余额

9. 有关总分类账户和明细分类账户的关系,以下说法中,正确的有( )。

A. 总分类账户对明细分类账户具有统驭控制作用

B. 明细分类账户对总分类账户具有补充说明作用

C. 总分类账户与其所属明细分类账户在总金额上应当相等

D. 总分类账户与明细分类账户所起的作用不同

10. 余额试算平衡法的公式是( )。

A. 全部账户的借方期初余额合计＝全部账户的贷方期初余额合计

B. 全部账户的借方期末余额合计＝全部账户的贷方期末余额合计

C. 全部账户本期借方发生额合计＝全部账户的本期贷方发生额合计

D. 全部账户的借方期初余额合计＝全部账户的贷方期末余额合计

11. 借贷记账法的试算平衡方法有( )。

A. 发生额试算平衡法　　　　　　　　　B. 余额试算平衡法

C. 增加额试算平衡法　　　　　　　　　D. 减少额试算平衡法

12. 某企业月末编制试算平衡表时,因"库存现金"账户的余额计算不正确,导致试算平衡中月末借方余额合计为 168 000 元,而全部账户的月末贷方余额合计为 160 000 元,则"库存现金"账户( )。

A. 为借方余额　　　　　　　　　　　　B. 为贷方余额

C. 借方余额为 8 000 元　　　　　　　　D. 借方余额多记 8 000 元

三、判断题(每题 1 分,共 10 分)

1. 对于一项经济业务,如果在一个账户中登记了借方,必须同时在另一个或几个账户中登记贷方。　　　　　　　　　　　　　　　　　　　　　　　　　　( )

2. 资产必须是企业所拥有的,所有权不属于企业的,均不作为企业资产。　( )

3. 某出资人以机器作为投资,那么该出资人对该机器就享有相应的权益。　( )

4. 负债是债权人对企业全部资产的求偿权,所以资产＝负债。　　　　　　( )

5. 收入扣除费用、成本后即企业的利润。　　　　　　　　　　　　　　　( )

6. 无论发生何种经济业务,会计等式总是成立的。　　　　　　　　　　　( )

7. 由于"资产＝负债＋所有者权益",故"资产＝负债＋所有者权益＋利润"这个等式是不正确的。　　　　　　　　　　　　　　　　　　　　　　　　　　　( )

8. 对每一个账户来说,期初余额只可能在账户的一方,借方或贷方。　　　( )

9. 编制试算平衡表,如果试算不平衡,则账户记录或计算一定有错误;如果试算平衡,可大体推断账户记录正确,但不可能绝对肯定账户记录无误。　　　　　　　　　（　　）

10. 资产负债表会计等式与利润表会计等式是两个完全不相联系的会计等式。　（　　）

四、实务题(第 1 题 18 分,第 2 题 12 分,共 30 分)

1. 某公司发生如下经济业务:

(1) 用银行存款购买材料。

(2) 用银行存款支付前欠 A 单位的货款。

(3) 用资本公积转增资本。

(4) 向银行借款,款项暂存银行。

(5) 收到投资者投入的机器。

(6) 用银行存款归还借款。

(7) 企业以固定资产向外单位投资。

(8) 经批准,同意将欠某公司的款项转为投入资本。

(9) 向投资者分配利润,款项暂未付。

(10) 同意某投资人抽走资本,以银行存款支付。

(11) 用应付票据归还前欠某单位的货款。

(12) 购买材料,款未付。

要求:根据以上经济业务的类型,将序号填入下表:

类　　型	经济业务序号
(1) 一项资产增加,另一项资产减少	
(2) 一项负债增加,另一项负债减少	
(3) 一项所有者权益增加,另一项所有者权益减少	
(4) 一项资产增加,一项负债增加	
(5) 一项资产增加,一项所有者权益增加	
(6) 一项资产减少,一项负债减少	
(7) 一项资产减少,一项所有者权益减少	
(8) 一项负债减少,　项所有者权益增加	
(9) 一项负债增加,一项所有者权益减少	

2. 创新公司 2020 年 3 月 31 日的账户余额如下:

银行存款　56 000 元　　　　　应付账款　40 000 元

原材料　　20 000 元　　　　　实收资本　121 000 元

固定资产　85 000 元

该公司 4 月份发生下列经济业务:

(1) 投资者追加投资 30 000 元,存入银行。

(2) 用银行存款偿还应付账款 23 000 元。

(3) 购买原材料 1 200 元,用银行存款支付。

(4) 购买设备 50 000 元,用银行存款支付 30 000 元,余款尚欠。

(5) 收到投资者投入机器一台 56 000 元,原材料一批 25 000 元。

(6) 购进原材料 5 000 元,款未付。

要求:

(1) 根据期初余额开设 T 型账户。

(2) 根据 4 月份发生的经济业务登记 T 型账户。

(3) 算出 T 型账户的本期发生额和期末余额。

项目三　填制与审核原始凭证

1. 练习会计核算的书写。
2. 练习填制常用的原始凭证。
3. 审核填制的原始凭证。

1. 原始凭证　2. 外来凭证　3. 自制凭证　4. 原始凭证填制　5. 原始凭证审核

练 习 题

一、会计书写练习

1. 写出以下各数的大写金额:

(1) ¥10.57　　　应写成:_____

(2) ¥3,602.05　　应写成:_____

(3) ¥206,048.09　应写成:_____

(4) ¥278,760.00　应写成:_____

(5) ¥165,300.70　应写成:_____

2. 写出以下出票日期的中文大写金额:

(1) 1999 年 1 月 5 日　　应写为:_____

(2) 2000 年 12 月 11 日　应写为:_____

(3) 2004 年 8 月 20 日　　应写为:_____

(4) 2009 年 10 月 30 日　应写为:_____

(5) 2010 年 5 月 31 日　　应写为:_____

二、填制原始凭证

1. 现金支票的填制。

2020 年 3 月 15 日,南昌市光华公司签发支票一张,从银行提取现金 5 638.00 元,供零星开支(南昌市光华公司开户银行:工行南昌市分行;账号:321654111;出纳:李名)。

要求:根据业务提示,填制现金支票。

中国工商银行 现金支票存根 **10204567** 26508932	中国工商银行　现金支票　**10204567** 26508932

中国工商银行
现金支票存根
10204567
26508932

附加信息
_____
_____

出票日期　　年　月　日

收款人：

金　额：

用　途：

单位主管　　　会计

付款期限自出票之日起十天

中国工商银行　　现金支票　**10204567**
26508932

出票日期(大写)　　年　　月　　日　　付款行名称：
收款人：　　　　　　　　　　　　　　出票人账号：

人民币
(大写)

亿	千	百	十	万	千	百	十	元	角	分

用途_____　　　　密码_____
上列款项请从　　　　行号_____
我账户内支付
出票人签章

复核　　记账

2. 发票的填制。

2020 年 3 月 20 日南昌吉利家具厂销售给个人王青书桌两张,规格 1.2 m×0.9 m,单价 2 000元/张,税率 13%(开票人:李文;签章处以文字说明)。

要求:请根据上述资料填制发票。

3601037179　江西增值税普通发票　No **14218892**　3601037179
江西国统一发票监制
国家税务总局监制
发票联
14218892

校验码 234510 884563 25631 56712　　　开票日期:　　年　月　日

购货方	名　　　称: 纳税人识别号: 地址、电话: 开户行及账号:				密码区	06/－3047/－>59＊<818<9＊＊－0> <61>＊7>/433>2＊3－0＋672<7 3220 121620 1＋<<51＋41＋>＊>58＊84 013 2 3712 7658006<56＋＊31/59>>45

货物或应税劳务、服务名称	规格型号	单位	数量	单价	金额	税率	税额
合　计							

价税合计(大写)

销货方	名　　　称: 纳税人识别号: 地址、电话: 开户行及账号:	备注

收款人:　　　复核:　　　开票人:　　　销货单位(章)

第二联:发票联　购货方记账凭证

三、名词解释

1. 原始凭证

2. 累计凭证

3. 自制凭证

4. 外来凭证

四、简答题

1. 简述原始凭证的填制要求。

2. 简述原始凭证的错误更正方法。

3. 简述原始凭证的基本内容。

测 试 题

一、单项选择题(每题 1 分,共 7 分)

1. 原始凭证按照填制手续及内容的不同,可以分为(　　)。

A. 收款凭证、付款凭证和转账凭证　　　B. 一次凭证、累计凭证和汇总凭证

C. 外来凭证和自制凭证　　　　　　　　D. 通用凭证和专用凭证

2. 下列原始凭证中,属于累计原始凭证的是(　　)。

A. 收料单　　　　B. 领料单　　　　C. 发货票　　　　D. 限额领料单

3. 下列会计凭证中,属于汇总原始凭证的是(　　)。

A. 差旅费报销单　　　　　　　　　　　B. 限额领料单

C. 增值税专用发票　　　　　　　　　　D. 工资结算单

4. 下列原始凭证中,既可能是外来原始凭证,也可能是自制原始凭证的是(　　)。

A. 增值税专用发票　　　　　　　　　　B. 商品入库单

C. 收料单　　　　　　　　　　　　　　D. 工资汇总表

5. 关于原始凭证的填制,下列说法中,不正确的是(　　)。

A. 不得以虚假的交易、事项或资金往来为依据填制原始凭证

B. 从外单位取得的原始凭证,必须盖有填制单位的公章

C. 一式多联的原始凭证,只能以一联用作报销凭证

D. 收回职工借款时,可将原借款借据正联退还,不必另开收据

6. 下列各项中,不属于原始凭证审核内容的是(　　)。

A. 原始凭证的真实性　　　　　　　　　B. 原始凭证的合法性

C. 会计分录的正确性　　　　　　　　　D. 原始凭证的完整性和准确性

7. 下列各项中,属于原始凭证的是(　　)。

A. 银行对账单　　　　　　　　　　　　B. 购销合同书

C. 银行存款余额调节表　　　　　　　　D. 账存实存对比表

二、多项选择题(每题 2 分,共 14 分)

1. 下列会计凭证中,属于自制原始凭证的有(　　)。

A. 工资结算单　　　　　　　　　　　　B. 限额领料单

C. 发料凭证汇总表   D. 销售货物时开出的增值税专用发票

2. 原始凭证按其填制手续及内容的不同,可以分为( )。

A. 转账凭证   B. 一次凭证

C. 累计凭证   D. 汇总凭证

3. 下列各项中,属于原始凭证必须具备的内容的有( )。

A. 记账符号

B. 经办人员的签名或者盖章

C. 交易或事项的内容、数量、单价和金额

D. 接受凭证单位的名称

4. 关于原始凭证的填制,下列说法中,正确的有( )。

A. 原始凭证上填制的经济业务内容和数字必须真实可靠

B. 原始凭证应在经济业务发生或完成时立即填制

C. 外来原始凭证必须盖有填制单位的公章

D. 加盖了"作废"戳记的原始凭证,应连同其存根联一起保管,不得撕毁

5. 下列各项中,属于原始凭证审核内容的有( )。

A. 原始凭证的真实性   B. 原始凭证的合法性

C. 原始凭证的完整性   D. 原始凭证的合理性

6. 原始凭证的合法性包括( )。

A. 符合国家法律、法规和政策   B. 符合计划、预算与合同

C. 符合审批权限和手续   D. 有董事长的核准签章

7. 下列各项中,属于原始凭证的有( )。

A. 普通发票   B. 产品出库单

C. 领用材料汇总表   D. 产品成本计算单

三、判断题(每题 1 分,共 4 分)

1. 企业每项交易或事项的发生都必须从外部取得原始凭证。   ( )

2. 只要是真实的原始凭证,就可以作为收付财物和记账的依据。   ( )

3. 自制原始凭证必须由单位会计人员自行填制。   ( )

4. 原始凭证金额出现错误的,应采用划线更正法进行更正。   ( )

四、实务题(第 1～5 题,每题 13 分,第 6 题 10 分,共 75 分)

假如汇通公司是增值税一般纳税人,增值税税率 13%,2020 年 3 月发生以下经济业务:

1. 9 日,采购员姜黎黎预借到外地采购用的差旅费 1 200 元,经部门主管张平同意,财务主管黄丽核批,由出纳员王欣开出一张现金支票支付(汇通公司开户银行:中国工商银行后皇路分理处;账号:5258662;公司地址:后皇路 462 号;电话:87568910;纳税人识别号:913601066947869156)。

要求:请填制一张现金支票。

中国工商银行 现金支票存根 **10223558** 08855725	付款期限自出票之日起十天	🏛 中国工商银行　现金支票　**10223548** 08855725

中国工商银行
现金支票存根
10223558
08855725

附加信息 _____

_____

出票日期　年　月　日

收款人：

金　额：

用　途：

单位主管　　会计

付款期限自出票之日起十天

🏛 中国工商银行　现金支票　**10223548**
08855725

出票日期(大写)　年　月　日　　付款行名称：
收款人：　　　　　　　　　　　　出票人账号：

人民币 (大写)	亿	千	百	十	万	千	百	十	元	角	分

用途_____　　　密码_____
上列款项请从　　　行号_____
我账户内支付
出票人签章

复核　　记账

2. 15日,财务科王欣开出转账支票一张,支付天一家具厂购买的办公桌椅20 000元,增值税为2 600元(天一家具厂账号:32456782;开户银行:中国工商银行后皇路分理处)。

要求:请填制一张转账支票。

中国工商银行
转账支票存根
10223558
10484609

附加信息 _____

_____

出票日期　年　月　日

收款人：

金　额：

用　途：

单位主管　　会计

付款期限自出票之日起十天

🏛 中国工商银行　转账支票　**10223558**
10484609

出票日期(大写)　年　月　日　　付款行名称：
收款人：　　　　　　　　　　　　出票人账号：

人民币 (大写)	亿	千	百	十	万	千	百	十	元	角	分

用途_____　　　密码_____
上列款项请从　　　行号_____
我账户内支付
出票人签章

复核　　记账

3. 20日,公司收到光大汽车修理厂转账支票一张,偿还所欠购买汽车配件款21 000元。
(光大汽车修理厂开户银行:中国工商银行洪都中大道分理处;账号:45273458)。

要求:请填制一张进账单。

ICBC  中国工商银行　　　　　　　进账单(回　单)　**1**

★ 年　月　日

出票人	全　称		收款人	全　称	
	账　号			账　号	
	开户银行			开户银行	

金额	人民币 (大写)		亿	千	百	十	万	千	百	十	元	角	分

票据种类		票据张数	
票据号码			

复核　　　记账　　　　　　开户银行签章　（章）

此联是开户银行交给持（出）票人的回单

4. 25日,向光明厂销售A产品10件,价值10 000元,增值税1 300元。货款已收存银行。已销A产品的单位成本700元。（光明厂开户银行:工商行武昌路分理处;账号: 6543654;工厂地址:武昌路135号;电话:82712456;纳税人识别号:913601079427561254。）

　　要求:请填制一张增值税专用发票和出库单。

3600143632　　江西增值税专用发票　No **03233731**　3600143632

此联不作报销、扣税凭证使用　　　　　　　　　　　　03233731

开票日期:　　年　月　日

购货方	名　　　称:		密码区	08／－4717／－＞59＊＜818＜9＊＊－0＞
	纳税人识别号:			＜61＞＊7）/933）2＊3－0＋672＜7 36001
	地　址、电话:			2 3620 1＋－＜＜51＋41＋＊＞58＊8 132
	开户行及账号:			33722 7958765＜607＜7876－7＞＞39

货物或应税劳务、服务名称	规格型号	单位	数量	单价	金额	税率	税额
合　计							

价税合计 (大写)		(小写)

销货方	名　　　称:		备注
	纳税人识别号:		
	地　址、电话:		
	开户行及账号:		

收款人:　　　　复核:　　　　　开票人:　　　　　销货单位(章)

第一联:记账联　销货方记账凭证

产品出库单

购货单位：　　　　　　　　　　　年　月　日　　　　　　　　　编号：

编　号	产品名称	产品规格	单　位	数　量	单　价	金　额
合　计						

经办人：　　　销售部门负责人：　　　　仓库管理员：　　　　仓库负责人：

第二联：交财务部

5. 25 日,甲车间完工入库 A 产品 10 件,实际单价 750 元/件,共计 7 500 元。

要求:请填制一张入库单。

产品入库单

生产部门：　　　　　　　　　　　年　月　日　　　　　　　　NO. 14563

金额单位:元

编　号	产品名称	规　格	计量单位	检验结果		数　量		单位成本	总成本
				合格	不合格	应收	实收		
合　计									

主管：　　　　记账：　　　　　仓库保管：　　　　质量检测：

6. 26 日,收到月初从红星工厂购进的甲材料 2 000 千克,单价 5 元/千克,货款 10 000 元及税款 1 300 元已经通过银行支付。

要求:请填制一张收料单。

收 料 单

供应单位：　　　　　　　　　　　年　月　日　　　　　　　金额单位:元

材料类别：　　　　　　　　　　　　　　　　　　　　　　收料仓库：

材料名称	规　格	计量单位	数　量		发票金额		运杂费	实际成本	
			应收	实收	单价	金额		单价	金额
合　计									
备注									

第二联　记账联

保管员：　　　材料会计：　　　　　验收人：　　　　交料人：

项目四　填制与审核记账凭证

训练目标

1. 了解工业企业主要经济业务核算的内容。
2. 掌握企业资金筹集的渠道以及资金筹集业务的核算。
3. 掌握企业供应过程、生产过程、销售过程以及利润的形成和分配的核算。
4. 掌握材料采购成本的组成、产品成本项目的构成以及利润总额的构成。
5. 能正确区分成本和期间费用。
6. 理解记账凭证的定义,掌握记账凭证的分类。
7. 熟悉记账凭证的填制要求与审核内容。
8. 掌握记账凭证的编制方法。

关键概念

1. 生产成本　2. 制造费用　3. 期间费用　4. 材料采购成本　5. 产品生产成本　6. 主营业务收入　7. 其他业务收入　8. 主营业务成本　9. 其他业务成本　10. 本年利润　11. 利润分配　12. 实收资本　13. 记账凭证　14. 收款凭证　15. 付款凭证　16. 转账凭证　17. 科目汇总表

练 习 题

一、单项选择题

1. 企业为生产产品发生的材料费用,应借记"(　　)"账户。

A. 生产成本　　　　B. 制造费用　　　　C. 管理费用　　　　D. 销售费用

2. 对于"材料已验收入库,款项已支付"的经济业务,应借记"(　　)"账户。

A. 原材料　　　　B. 在途物资　　　　C. 应付账款　　　　D. 银行存款

3. 企业购买货物支付的增值税作为(　　)记录在"应交税费——应交增值税"账户的借方。

A. 销项税额　　　　B. 进项税额　　　　C. 已交税金　　　　D. 出口退税

4. 下列账户中,属于成本类账户的有"(　　)"。

A. 管理费用　　　　B. 财务费用　　　　C. 主营业务成本　　　　D. 制造费用

5. 企业收到投资者投入的资本时,应贷记"(　　)"账户。

A. 实收资本　　　　　B. 盈余公积　　　　　C. 资本公积　　　　　D. 投资收益

6. 企业出售多余材料取得的收入,应贷记"（　　）"账户。

A. 主营业务收入　　　B. 其他业务收入　　　C. 营业外收入　　　　D. 投资收益

7. 支付产品广告费时,应借记"（　　）"账户。

A. 管理费用　　　　　B. 其他业务成本　　　C. 销售费用　　　　　D. 营业外支出

8. 年末,"利润分配"账户的贷方余额表示（　　）。

A. 累计发生的亏损　　　　　　　　　　　　B. 累计实现的利润

C. 历年未分配利润　　　　　　　　　　　　D. 历年未弥补亏损

9. 计提固定资产折旧,应贷记"（　　）"账户。

A. 管理费用　　　　　B. 固定资产　　　　　C. 销售费用　　　　　D. 累计折旧

10. 甲公司会计部门第 6 号记账凭证的会计事项需要编制 3 张记账凭证,则这三张凭证的编号为（　　）。

A. 6、7、8　　　　　　　　　　　　　　　B. $\frac{1}{6}$、$\frac{2}{6}$、$\frac{3}{6}$

C. $\frac{1}{3}$、$\frac{2}{3}$、$\frac{3}{3}$　　　　　　　　　　　　　　　D. $6\frac{1}{3}$、$6\frac{2}{3}$、$6\frac{3}{3}$

11. 下列各项中,属于期间费用的是（　　）。

A. 预提费用　　　　　B. 销售费用　　　　　C. 制造费用　　　　　D. 待摊费用

12. 根据（　　）编制记账凭证,是保证记账凭证和登记账簿正确的基本要求。

A. 计算准确的原始凭证　　　　　　　　　　B. 填写齐全的原始凭证

C. 审核无误的原始凭证　　　　　　　　　　D. 领导签字的原始凭证

13. 将现金存入银行,一般应编制（　　）。

A. 现金收款凭证　　　　　　　　　　　　　B. 银行存款收款凭证

C. 现金付款凭证　　　　　　　　　　　　　D. 银行存款付款凭证

14. 会计人员应按（　　）编制记账凭证的统一序号。

A. 年　　　　　　　　B. 季　　　　　　　　C. 月　　　　　　　　D. 日

15. 会计凭证按其填制的程序和用途不同可分为（　　）。

A. 原始凭证和记账凭证　　　　　　　　　　B. 自制凭证和外来凭证

C. 一次凭证和复式凭证　　　　　　　　　　D. 单式凭证和复式凭证

二、多项选择题

1. 企业筹集资金的渠道有（　　）。

A. 向银行借款　　　　　　　　　　　　　　B. 外商以固定资产投资

C. 接受企业捐赠的无形资产　　　　　　　　D. 接受其他企业投资

2. 外购材料的采购成本包括（　　）。

A. 入库前挑选整理　　　　　　　　　　　　B. 买价

C. 外地运杂费　　　　　　　　　　　　　　D. 运输途中合理损耗

3. 产品的生产成本项目主要有（　　）。

A. 直接材料　　　　　B. 直接人工费　　　　C. 制造费用　　　　　D. 其他直接支出

4. 下列项目中,属于期间费用的有( )。

A. 制造费用　　　B. 管理费用　　　C. 财务费用　　　D. 销售费用

5. 企业的利润总额包括( )。

A. 营业利润　　　B. 营业外收入　　　C. 制造费用　　　D. 营业外支出

6. 发现记账凭证有错误可以采用的更正方法是( )。

A. 红字更正法　　　　　　　　　　B. 划线更正法

C. 补充登记法　　　　　　　　　　D. 将错误记账凭证作废重编

7. 记账凭证必须具备的基本内容有( )。

A. 记账凭证的名称　　　　　　　　B. 填制日期和编号

C. 经济业务的简要说明　　　　　　D. 会计分录

8. 涉及现金与银行存款相互划转的业务应编制的记账凭证有( )。

A. 现金收款凭证　　　　　　　　　B. 现金付款凭证

C. 银行存款收款凭证　　　　　　　D. 银行存款付款凭证

9. 职工报销差旅费2 000元,原预借2 500元,余款交回现金,此业务应编制( )。

A. 收款凭证　　　B. 付款凭证　　　C. 转账凭证　　　D. 以上均可

10. 下列属于损益类账户的有"( )"账户。

A. 生产成本　　　B. 销售费用　　　C. 管理费用　　　D. 制造费用

11. 下列属于记账凭证审核内容的是( )。

A. 会计科目使用是否正确

B. 记账凭证所附的原始凭证是否齐全

C. 凭证的金额与所附原始凭证的金额是否一致

D. 凭证项目是否填写齐全

12. 按照规定,除( )的记账凭证可以不附原始凭证,其他记账凭证必须附有原始凭证。

A. 提取现金　　　B. 结账　　　C. 更正错账　　　D. 现金存入银行

13. 记账凭证的编号方法有( )。

A. 顺序编号法　　　B. 分类编号法　　　C. 奇偶数编号法　　　D. 分数编号法

14. 下列账户年末无余额的有( )。

A. 制造费用　　　B. 资本公积　　　C. 本年利润　　　D. 主营业务成本

15. 属于"营业外收入"账户核算内容的是( )。

A. 销售产品取得的收入　　　　　　B. 销售材料取得的收入

C. 罚款收入　　　　　　　　　　　D. 无法支付的应付款

三、判断题

1. "累计折旧"账户是资产类账户,余额一般在借方。　　　　　　　　　　　( )

2. 与企业生产经营无直接联系的支出是营业外支出。　　　　　　　　　　　( )

3. 记账凭证填制完经济业务事项后,如有空行,应当自"金额"栏最后一笔金额数字下的空行处至"合计"栏上的空行处划线注销。　　　　　　　　　　　　　　　　　　( )

4. 所有的记账凭证都必须附有原始凭证,否则,不能作为记账的依据。　　　　( )

　　5. "生产成本"账户的期末借方余额表示期末在产品成本。　　　　　　（　　）

　　6. 记账凭证是主管人员根据审核无误的原始凭证填制的。　　　　　　（　　）

　　7. 企业的经营成果可能表现为亏损，也可能表现为盈利。　　　　　　（　　）

　　8. 所得税是一种费用。　　　　　　　　　　　　　　　　　　　　　（　　）

　　9. 短期借款的利息支出应计入财务费用。　　　　　　　　　　　　　（　　）

　　10. 企业预付下一年度财产保险费，应借记"管理费用"账户。　　　　　（　　）

　　11. 以银行存款支付前欠甲公司货款 10 000 元，应编制付款凭证。　　（　　）

　　12. 收、付款凭证需要签章的有制证、复核、会计主管、出纳。　　　　（　　）

　　13. "主营业务收入""主营业务成本""所得税费用""本年利润"等账户都属于损益类账户。　　　　　　　　　　　　　　　　　　　　　　　　　　　　　　（　　）

　　14. 会计凭证的保管期限，一般为 15 年。　　　　　　　　　　　　　（　　）

　　15. 各单位保存的会计凭证，经单位负责人批准并办理登记手续后可以借出。（　　）

四、名词解释

1. "生产成本"账户

2. 记账凭证

3. "累计折旧"账户

五、简答题

1. 简述记账凭证的分类。

2. 简述记账凭证的审核内容。

六、实务题

1. **目的**：练习并掌握企业筹集资金的核算。

资料：新欣企业 2020 年 2 月发生下列经济业务：

（1）1 日，向银行借入期限为 3 年的借款 300 000 元，存入银行。

（2）4 日，收到国家投入的货币资金 200 000 元，存入银行。

（3）10 日，收到乙公司投入的设备一台，双方确认的价值为 400 000 元。

（4）15 日，向银行借入期限为 6 个月的借款 100 000 元，存入银行。

（5）20 日，用银行存款归还已到期的短期借款 60 000 元。

（6）29 日，经批准将企业的资本公积 150 000 转增注册资本。

要求：根据以上经济业务编制会计分录。

2. **目的**：练习并掌握企业供应过程的核算。

资料：新欣企业是增值税一般纳税人，2020 年 3 月发生下列经济业务：

（1）2 日，从新华工厂购买甲材料 10 000 千克，单价 4 元/千克，增值税专用发票上注明的买价为 40 000 元，进项税额为 5 200 元；对方代垫运费 400 元，增值税专用发票上注明的增值税为 36 元，款项以银行存款支付，材料尚未运到。

（2）5 日，从新华工厂购入的甲材料运到，验收入库，结转其实际采购成本。

（3）7 日，用银行存款归还上月欠新华工厂的货款 11 300 元。

（4）10 日，从荣昌工厂购进乙材料 8 000 千克，单价 10 元/千克，增值税专用发票上注明的买价为 80 000 元，进项税额为 10 400 元；供方代垫运费 1 000 元，增值税专用发票上注明的增值税为 90 元，款未付，材料已验收入库。

（5）13 日，以银行存款归还荣昌工厂乙材料款项 91 490 元。

（6）17 日，从阳阳工厂购进甲、乙两种材料，甲材料 8 000 千克，单价 4 元/千克，乙材料 6 000 千克，单价 8 元/千克，进项税额 10 400 元；供方代垫运费 1 400 元（按重量比例分配），增值税专用发票上注明的增值税为 126 元，款已付，材料尚未运到。

（7）26 日，从阳阳工厂购进的甲、乙两种材料已运到，验收入库，结转其实际采购成本。

要求：根据上述经济业务编制会计分录，并用 T 型账户登记"在途物资"和"原材料"账户的明细账户。

3. **目的**：练习并掌握企业供应过程的核算。

资料：宏达工厂是增值税一般纳税人，2020 年 2 月 1 日"在途物资——A 材料"账户借方余额为 10 000 元；"原材料"账户余额为 32 000 元，其中，A 材料 100 吨，单价 120 元/吨，B 材料 200 吨，单价 100 元/吨。2 月份发生下列经济业务：

（1）2 日，上月购入的 A 材料运到，并验收入库，其实际成本 10 000 元。

（2）11 日，从汇仁工厂购入 A 材料 500 吨，每吨 120 元，B 材料 200 吨，每吨 100 元，增值税 10 400 元；供货方代垫运费 1 400 元（按重量比例分配），增值税专用发票上注明的增值税为 126 元，款已付，材料已运到，验收入库，结转其实际采购成本。

（3）20 日，从阳光工厂购入 A 材料 200 吨，每吨 120 元，B 材料 300 吨，每吨 95 元，货款 52 500 元，进项税额 6 825 元；供货方代垫运费 1 500 元（按重量比例分配），增值税专用发票上注明的增值税为 135 元，款已付，材料未运到。

（4）23 日，上述材料验收入库，结转其实际采购成本。

（5）26 日，从红星工厂购入 B 材料 40 吨，每吨 100 元，货款 4 000 元，进项税额 520 元；供货方代垫运费 300 元（按重量比例分配），增值税专用发票上注明的增值税为 27 元，材料已验收入库，款项未付。

要求：

（1）用 T 型账户登记"在途物资"和"原材料"总分类账户及其明细分类账户，并根据资料登记期初余额。

（2）根据上述经济业务编制会计分录，并登记"在途物资"和"原材料"总分类账户和明细分类账户。

4. **目的**：练习并掌握企业生产过程的核算。

资料：宏达工厂 2020 年 3 月 1 日"生产成本——甲产品"账户余额 10 000 元。3 月份发生如下经济业务：

（1）1 日，生产甲产品领用 A 材料 100 吨，B 材料 200 吨，生产车间领用 A 材料 10 吨，行政管理部门领用 B 材料 1 吨。A 材料单价 120 元/吨，B 材料单价 100 元/吨。

（2）3 日，用现金支付企业行政管理部门的办公用品费 200 元。

（3）10 日，用银行存款发放本月职工工资 60 000 元。

（4）12 日，以银行存款支付承兑手续费 400 元。

（5）18 日，采购员出差回来报销差旅费 2 500 元，交回现金 500 元，结清上月预借的差旅费3 000元。

（6）31日,用银行存款支付本月生产车间水电费6 000元。

（7）31日,计提本月固定资产折旧费7 000元。其中,生产车间用固定资产折旧费4 000元,管理部门用固定资产折旧费3 000元。

（8）31日,预提本月短期借款利息600元。

（9）31日,结转分配本月应付职工工资100 000元,其中,生产甲产品工人工资为60 000元,车间管理人员工资为30 000元,企业行政管理人员工资为10 000元。

（10）31日,结转本月发生的制造费用。

（11）31日,本月生产的甲产品全部完工,结转其生产成本。

要求:

（1）用T型账户登记"生产成本""制造费用"账户的明细分类账户。

（2）根据上述经济业务编制会计分录,并根据会计分录登记"生产成本"和"制造费用"明细账。

5. **目的:**练习并掌握企业生产过程的核算。

资料:江南工厂2020年4月份发生如下经济业务:

（1）2日,仓库发出下列材料:

A产品耗用甲材料200吨,单价1 000元/吨,乙材料50吨,单价2 000元/吨;B产品耗用乙材料10吨,单价2 000元/吨,丙材料50吨,单价1 600元/吨;车间一般耗用乙材料5吨,单价2 000元/吨;厂部行政管理部门耗用甲材料1吨,单价1 000元/吨。

（2）6日,用银行存款支付下半年报纸杂志费3 600元。

（3）6日,用现金300元支付办公费,其中,行政管理部门200元,车间100元。

（4）8日,收到银行通知,支付上月借款利息600元。

（5）11日,用银行存款104 000元发放工资。

（6）11日,用银行存款26 000元向社保局缴纳社会保险费。

（7）30日,用银行存款支付水电费40 000元,增值税进项税5 200元,其中,行政管理部门耗用水电费10 000元,车间耗用水电费30 000元。

（8）30日,摊销由本月负担的报纸杂志费300元,其中,行政管理部门200元,车间100元。

（9）30日,计提本月固定资产的折旧费4 000元,其中,生产车间固定资产应提折旧3 000元,行政管理部门固定资产应提折旧1 000元。

（10）30日,分配本月职工的工资104 000元。其中:生产A产品工人工资40 000元,生产B产品工人工资24 000元;车间管理人员工资10 000元;行政管理人员工资30 000元。

（11）30日,分别按工资总额的6%、16%计提职工医疗保险费和养老保险费。

（12）30日,以A、B两种产品的生产工时为标准分配并结转本月制造费用。生产A产品耗用5 000工时,B产品耗用3 000工时。

（13）30日,结转本月完工产品成本。本月生产A产品200件全部完工;B产品250件,其中完工200件,在产品50件,在产品成本按单位定额成本560元计算,其中,直接材料400元、直接人工费100元、制造费用60元。

要求:

(1) 根据上述经济业务编制会计分录,并据以登记"生产成本"和"制造费用"账户的明细账户。

(2) 编制产品成本计算表。

6. **目的:**练习并掌握企业销售过程的核算。

资料:江南工厂是增值税一般纳税人,2020 年 4 月份发生如下经济业务:

(1) 1 日,销售给宏伟工厂 A 产品 300 件,单位售价 170 元,B 产品 150 件,单位售价 150 元,共计货款 73 500 元,增值税销项税 9 555 元,款已收到,存入银行。

(2) 4 日,收到上月应收阳阳工厂的销货款 11 300 元,存入银行。

(3) 12 日,向红星公司销售 B 产品 800 件,每件售价 150 元,计 120 000 元,增值税专用发票上注明的增值税为 15 600 元,款项未收到。

(4) 16 日,以银行存款支付广告费 6 000 元、增值税进项税 360 元。

(5) 20 日,销售甲材料 4 000 千克,每千克售价 8 元,增值税专用发票上注明的增值税额为 4 160 元,收到一张为期 2 个月、票面金额 36 160 元的商业汇票。甲材料单位成本 6 元。

(6) 28 日,以银行存款支付销售产品负担的运杂费 3 000 元,增值税 390 元。

(7) 30 日,结转本月已销产品的生产成本,A 产品单位生产成本 120 元,B 产品单位生产成本 100 元。

(8) 30 日,计算出本月应缴的城市维护建设税 980 元,教育费附加 420 元。

要求:根据上述经济业务编制会计分录。

7. **目的:**练习并掌握企业利润形成和利润分配的核算。

资料:江北工厂 2019 年 12 月份发生如下经济业务:

(1) 6 日,以银行存款支付违约罚款 600 元。

(2) 10 日,以银行存款向灾区捐款 10 000 元。

(3) 20 日,收到某外商捐赠的设备一台,价值 50 000 元。

(4) 31 日,收到对外投资分来的投资利润 40 000 元,已存入银行。

(5) 31 日,经批准将确实无法支付的应付账款 10 000 元转作营业外收入。

(6) 31 日,结转损益类账户。本月主营业务收入 193 500 元(A 产品 51 000 元,B 产品 142 500 元)、其他业务收入 32 000 元、投资收益 40 000 元、营业外收入 60 000 元、主营业务成本 131 000 元(A 产品 36 000 元,B 产品 95 000 元)、其他业务成本 24 000 元、财务费用 6 000 元、管理费用 21 000 元、销售费用 9 000 元、税金及附加 1 400 元,营业外支出 10 600 元。

(7) 31 日,计算本期应交企业所得税(税率 25%)。

(8) 31 日,将"所得税费用"账户的余额转入"本年利润"账户。

(9) 31 日,按全年实现的净利润的 10% 计提法定盈余公积(1—11 月实现的净利润为 400 000 元)。

(10) 31 日,分配给投资者利润 60 000 元。

(11) 31 日,将全年实现的净利润转入"利润分配——未分配利润"账户。

(12) 31 日,将已分配的利润转入"利润分配——未分配利润"账户。

要求:

(1) 根据上述经济业务编制会计分录。

（2）登记"本年利润"和"利润分配——未分配利润"账户。

（3）计算 12 月份的营业利润、利润总额、净利润以及年末未分配利润的余额。

8. 目的：练习并掌握企业利润形成和利润分配的核算。

资料：宏达工厂是增值税一般纳税人，2019 年 12 月份发生如下经济业务：

（1）1 日，收到阳阳工厂上月所欠销货款 22 600 元，存入银行。

（2）5 日，销售给宏伟工厂 A 产品 500 件，单位售价 100 元，增值税销项税额 6 500 元，代垫运杂费 1 000 元，所有款项已向银行办理了托收手续。

（3）7 日，以银行存款支付广告费用 4 000 元，增值税 240 元。

（4）12 日，销售给红星公司 B 产品 1 000 件，单位售价 120 元，增值税销项税额 15 600 元，收到红星公司签发的一张为期 6 个月、票面金额 135 600 元的商业汇票一张。

（5）20 日，收到宏伟工厂所欠销货款 57 500 元，存入银行。

（6）22 日，以银行存款捐赠希望工程 10 000 元。

（7）25 日，销售乙材料 10 000 千克，每千克 4 元，货款 40 000 元，增值税销项税额 5 200 元，款项已收到。乙材料单位采购成本 3 元。

（8）26 日，收到罚款收入 1 000 元，存入银行。

（9）28 日，收到对外投资取得的收入 30 000 元，存入银行。

（10）31 日，计提本月固定资产折旧 6 000 元。其中，行政管理部门 4 000 元，销售部门 2 000 元。

（11）31 日，经批准将无法归还的应付账款 2 000 元，转作营业外收入。

（12）31 日，结转本月已销产品生产成本，其中，A 产品单位生产成本 70 元，B 产品单位生产成本 80 元。

（13）31 日，计算出本月应缴的城市维护建设税 1 400 元，教育费附加 600 元。

（14）31 日，结转损益类账户。

（15）31 日，计算并结转本期应交企业所得税（税率 25%）。

（16）31 日，按全年税后利润的 10% 计提法定盈余公积金（12 月 1 日，"本年利润"账户的贷方余额 300 000 元）。

（17）31 日，分配给投资者利润 60 000 元。

（18）31 日，将全年实现的净利润转入"利润分配——未分配利润"账户。

（19）31 日，将已分配的利润转入"利润分配——未分配利润"账户。

要求：

（1）根据上述经济业务编制会计分录。

（2）登记"本年利润"和"利润分配——未分配利润"账户。

（3）计算 12 月份的营业利润、利润总额、净利润以及年末未分配利润的余额。

9. 目的：练习并掌握企业主要经济业务的核算。

资料：新欣公司是增值税一般纳税人，2019 年 12 月份发生如下经济业务：

（1）购进甲材料 2 000 吨，单价 100 元/吨，增值税专用发票上注明的增值税为 26 000 元；运费为 10 000 元，增值税专用发票上注明的增值税为 900 元。所有款项已用银行存款支付。

（2）上述甲材料已到，验收入库，按实际成本结转。

（3）生产 A 产品耗用甲材料 2 000 元，车间耗用材料 300 元，厂部行政管理部门耗用材料 100 元。

(4) 分配本月工资 100 000 元,其中,生产 A 产品工人工资 60 000 元,车间管理人员工资 20 000 元,厂部管理人员工资 20 000 元。

(5) 计提本月车间固定资产折旧 6 000 元,厂部固定资产折旧 3 000 元。

(6) 用银行存款支付广告费 1 000 元,增值税专用发票上注明的增值税为 60 元。

(7) 销售 A 产品 200 件,单价 2 000 元/件,增值税 52 000 元,货款已收存银行。

(8) 结转本月制造费用。

(9) 本月投入的 A 产品全部完工。验收入库,结转完工的 A 产品成本。

(10) 销售 A 产品 50 件,单价 2 000 元/件,增值税 13 000 元,款项尚未收到。

(11) 月末结转已销 A 产品的成本。A 产品单位成本 1 130 元。

(12) 以银行存款支付违约罚金 200 元。

(13) 计算出本月应缴的城市维护建设税 2 662.8 元,教育费附加 1 141.2 元。

(14) 结转损益类账户。

(15) 计算本期应缴的企业所得税(税率 25%)。

(16) 将"所得税费用"账户的余额转入"本年利润"账户。

(17) 按税后利润的 10% 计提法定盈余公积金。

(18) 将"本年利润"账户的余额转入"利润分配——未分配利润"账户。

(19) 将已分配的利润转入"利润分配——未分配利润"账户。

要求:

(1) 根据上述经济业务编制会计分录。

(2) 用 T 型账户登记"制造费用""生产成本——A 产品""本年利润"和"利润分配——未分配利润"账户。

(3) 计算 12 月份的营业利润、利润总额、净利润以及未分配利润的余额。

测 试 题

一、**单项选择题**(每题 1 分,共 10 分)

1. 下列账户中,期末余额一般在贷方的是"(　　)"账户。
A. 生产成本　　　　B. 累计折旧　　　　C. 管理费用　　　　D. 主营业务成本

2. 下列账户中,期末应转入"生产成本"账户的是"(　　)"账户。
A. 制造费用　　　　B. 管理费用　　　　C. 财务费用　　　　D. 销售费用

3. 记账凭证是(　　)根据审核无误的原始凭证填制的。
A. 会计人员　　　　B. 经办人员　　　　C. 主管人员　　　　D. 复核人员

4. 一笔经济业务涉及会计科目较多,需填制多张记账凭证的,可采用(　　)。
A. 连续编号法　　B. 同一编号法　　C. 分数编号法　　D. 以上都不对

5. 在填制记账凭证时,(　　)。
A. 合计数前应填写货币符号"¥"　　　　　　B. 非合计数前应填写货币符号"¥"
C. A 或 B 均可　　　　　　　　　　　　　　D. 合计数前无须填写货币符号"¥"

6. 会计凭证的保管期限,一般为(　　)年。

A. 30　　　　　　　B. 20　　　　　　　C. 10　　　　　　　D. 永久

7. 审核记账凭证的目的是(　　　)。

A. 保证账实相符

B. 保证记账凭证及所附的原始凭证正确无误

C. 保证账表相符

D. 保证账证相符

8. 企业预付下一年度财产保险费时,应借记"(　　　)"账户。

A. 管理费用　　　　B. 待摊费用　　　　C. 预付账款　　　　D. 预提费用

9. 下列费用中,应计入"管理费用"账户的有(　　　)。

A. 生产工人福利费　　　　　　　　　B. 车间管理人员工资

C. 车间领用的材料　　　　　　　　　D. 管理部门人员福利费

10. 涉及现金与银行存款相互划转的业务,应编制的记账凭证是(　　　)。

A. 收款凭证　　　　B. 付款凭证　　　　C. 转款凭证　　　　D. 会计凭证

二、多项选择题(每题 2 分,共 20 分)

1. 营业外支出包括的内容有(　　　)。

A. 非常损失　　　　B. 罚款支出　　　　C. 捐赠支出　　　　D. 材料盘亏

2. 年末应将"(　　　)"账户的本期发生额转入"本年利润"账户。

A. 主营业务收入　　B. 制造费用　　　　C. 营业外收入　　　D. 管理费用

3. 下列费用中,应记入"财务费用"账户的有(　　　)。

A. 银行手续费　　　　　　　　　　　B. 运杂费

C. 福利费　　　　　　　　　　　　　D. 短期借款的利息支出

4. 企业销售产品一批,售价 16 000 元,其中 10 000 元已收存银行,6 000 元尚未收到。该笔业务应编制的记账凭证是(　　　)。

A. 收款凭证　　　　B. 付款凭证　　　　C. 转账凭证　　　　D. 以上均可

5. 下列账户中,属于成本类账户的是"(　　　)"账户。

A. 制造费用　　　　B. 管理费用　　　　C. 生产成本　　　　D. 销售费用

6. 以下等式正确的有(　　　)。

A. 利润总额＝营业利润＋营业外收入－营业外支出

B. 营业收入＝主营业务收入＋其他业务收入

C. 营业利润＝主营业务利润＋其他业务利润－销售费用－管理费用－财务费用

D. 净利润＝利润总额－税金及附加

7. 计提固定资产折旧可能涉及的账户包括"(　　　)"账户。

A. 固定资产　　　　B. 累计折旧　　　　C. 制造费用　　　　D. 销售费用

8. 收付款凭证需要签章的有(　　　)。

A. 制证　　　　　　B. 复核　　　　　　C. 会计主管　　　　D. 出纳

9. 下列项目中,属于损益类账户的有(　　　)。

A. 销售费用　　　　B. 制造费用　　　　C. 财务费用　　　　D. 管理费用

10. 外购材料的采购费用包括(　　　)。

A. 入库前挑选整理费   B. 采购员差旅费

C. 外地运杂费   D. 运输途中合理损耗

三、判断题（每题 1 分，共 10 分）

1. 更正错账和结账的记账凭证，可以不附原始凭证。   （   ）

2. 各单位销毁会计凭证由档案部门自行完成。   （   ）

3. 计提生产车间固定资产折旧，应借记"制造费用"账户，贷记"固定资产"账户。   （   ）

4. 记账凭证的编号方法一般有顺序编号法、分类编号法 、分数编号法。   （   ）

5. 记账凭证"记账"栏或"√"栏应在审核完毕后划"√"符号。   （   ）

6. 收款凭证左上角"贷方科目"处应填写"库存现金"或"银行存款"科目。   （   ）

7. 产品成本项目由直接材料、直接人工、其他直接支出三部分构成。   （   ）

8. "本年利润"账户属于损益类账户，期末一般无余额。   （   ）

9. 捐赠收入、罚款收入、无法支付的应付款都应该记入"营业外收入"账户。   （   ）

10. "生产成本"账户属于成本类账户，期末一定没有余额。   （   ）

四、计算分析题（每题 5 分，共 10 分）

1. 某企业 2019 年年初"利润分配——未分配利润"账户的贷方余额为 80 000 元，当年实现利润 350 000 元（假定不存在其他纳税调整事项），适用的所得税税率为 25％，按全年净利润的 10％提取法定盈余公积。

要求：计算年末该企业应提取的法定盈余公积和未分配利润的余额。

2. 本月主营业务收入 30 000 元，主营业务成本 10 000 元，管理费用 5 000 元，财务费用 3 000 元，销售费用 2 000 元，税金及附加 200 元，营业外收入 6 500 元，营业外支出 500 元，所得税 3 950 元。

要求：计算本月营业利润、利润总额和净利润。

五、实务题（共 50 分，1、6、7、12 题各 5 分，其他每题 3 分）

某企业 2019 年 12 月发生的经济业务如下：

（1）购进甲材料 15 吨，单价 3 000 元/吨，乙材料 30 吨，单价 1 500 元/吨，增值税进项税 11 700 元，运费 500 元（运费按重量比例分配），增值税专用发票上注明的增值税为 45 元，价款和运费均以银行存款支付。（列出计算过程）

（2）本月耗用材料如下：A 产品生产耗用甲材料 25 600 元，厂部管理部门耗用甲材料 400 元；B 产品耗用乙材料 7 820 元，车间耗用乙材料 1 200 元。

（3）分配本月工资，其中，A 产品工人工资 30 000 元，B 产品工人工资 15 000 元，厂部管理人员工资 5 000 元，车间管理人员工资 7 000 元，另专设销售机构人员工资 8 000 元。

（4）本月计提固定资产折旧 18 400 元，其中，厂部 6 400 元，车间 12 000 元。

（5）计提本月负担的短期借款利息 3 000 元。

（6）以生产工时为标准分配并结转本月制造费用。其中，A 产品 3 000 工时，B 产品 1 000 工时。（列出计算过程）

（7）本月 A 产品 500 件全部完工入库，结转完工 A 产品成本。B 产品尚未完工。（列出

计算过程)

    (8) 销售 A 产品 400 件,单价 300 元/件,增值税 15 600 元,款项尚未收到。

    (9) 月末结转已销 A 产品的成本。A 产品单位成本 141.5 元。

    (10) 以银行存款支付违约罚金 200 元。

    (11) 计算出本月应缴的城市维护建设税 269.85 元,教育费附加 115.65 元。

    (12) 将各损益类账户转入"本年利润"账户。

    (13) 计算本期应缴的企业所得税(税率 25%)。

    (14) 将"所得税费用"账户余额转入"本年利润"账户。

    要求:根据上述经济业务编制会计分录。

项目五　设置与登记会计账簿

训练目标

1. 了解账簿的种类和基本内容,能够根据账户的特点选择适用的账簿。

2. 熟悉登记账簿的基本要求,能够按登账的基本要求准确登记日记账、分类账,掌握总分类账和明细分类账的平行登记。

3. 理解不同错账更正方法的适用范围,能够运用适当的错账更正方法更正错账。

4. 了解对账和结账的主要内容,以及账簿更换和保管的基本知识。

5. 了解账务处理程序的含义和种类,理解各种账务处理程序的主要特点,熟悉记账凭证账务处理程序和科目汇总表账务处理程序的基本步骤。

关键概念

1. 账簿　2. 现金日记账　3. 银行存款日记账　4. 总分类账　5. 明细分类账　6. 平行登记　7. 红字更正法　8. 补充登记法　9. 对账　10. 结账　11. 账务处理程序

练　习　题

一、单项选择题

1. 账簿按(　　)可分为序时账簿、分类账簿和备查账簿。

A. 外表形式　　　　　B. 账页格式　　　　　C. 用途　　　　　D. 登记方法

2. 下列账户的明细账采用三栏式账页的是(　　)。

A. 管理费用　　　　　B. 销售费用　　　　　C. 库存商品　　　　　D. 应收账款

3. 专门记载某一类经济业务的序时账簿称为(　　)。

A. 普通日记账　　　　B. 特种日记账　　　　C. 转账日记账　　　　D. 分录簿

4. 固定资产明细分类账一般采用(　　)。

A. 订本式　　　　　B. 活页式　　　　　C. 卡片式　　　　　D. 日记账

5. "原材料"明细分类账户一般采用的账页格式是(　　)。

A. 数量金额式　　　　B. 三栏式　　　　　C. 多栏式　　　　　D. 平衡式

6. 债权债务明细账户通常采用的账页格式是(　　)。

A. 多栏式　　　　　B. 三栏式　　　　　C. 数量金额式　　　　D. 以上均可

7. 实收资本明细账的账页可以采用(　　)。

A. 三栏式   B. 活页式   C. 数量金额式   D. 卡片式

8. 租入固定资产登记簿属于（   ）。

A. 序时账簿   B. 明细分类账簿   C. 总分类账簿   D. 备查账簿

9. 下列做法中，错误的是（   ）。

A. 现金日记账采用三栏式账簿   B. 库存商品明细账采用数量金额式账簿

C. 原材料明细账采用三栏式账簿   D. 制造费用明细账采用多栏式账簿

10. 对于从银行提取现金的经济业务，登记现金日记账的依据是（   ）。

A. 现金收款凭证   B. 转账凭证

C. 现金付款凭证   D. 银行存款付款凭证

11. 现金和银行存款日记账，根据有关凭证（   ）。

A. 逐日逐笔登记   B. 逐日汇总登记   C. 定期汇总登记   D. 一次汇总登记

12. 从银行提取现金，登记银行存款日记账的依据是（   ）。

A. 库存现金收款凭证   B. 银行存款付款凭证

C. 银行存款收款凭证   D. 备查账

13. 在结账前发现账簿记录有文字或数字错误，而记账凭证没有错误，应当采用的更正方法是（   ）。

A. 划线更正法   B. 红字更正法   C. 补充登记法   D. 平行登记法

14. 下列四种情况中，可用补充登记法的是（   ）。

A. 记账凭证中的应记科目与金额正确，但登记入账时所记金额大于应记金额

B. 记账凭证中的应记科目与金额正确，但登记入账时所记金额小于应记金额

C. 记账凭证中的应记科目正确，但所记金额小于应记金额，并已入账

D. 记账凭证中的应记科目正确，但所记金额大于应记金额，并已入账

15. 各种账务处理程序的主要区别是（   ）。

A. 填制会计凭证的依据和方法不同   B. 登记总账的依据和方法不同

C. 登记明细账的依据和方法不同   D. 设置日记账的格式不同

二、多项选择题

1. 下列属于序时账的有（   ）。

A. 普通日记账   B. 银行存款日记账

C. 明细分类账   D. 库存现金日记账

2. 数量金额式明细分类账的账页格式一般适用于（   ）。

A. 库存商品明细账   B. 应收款款明细账

C. 应付账款明细账   D. 原材料明细账

3. 登记明细分类账的依据可以是（   ）。

A. 原始凭证   B. 汇总原始凭证   C. 记账凭证   D. 购货合同

4. 登记现金日记账"收入"栏的依据有（   ）。

A. 累计凭证   B. 现金收款凭证

C. 转账凭证   D. 银行存款付款凭证

5. 会计账簿中，下列（   ）可以用红色墨水记账。

A. 按照红字冲账的记账凭证,冲销错误记录

B. 在不设借贷等栏的多栏式账页中,登记减少数

C. 在三栏式账户的余额栏前,如未印明余额方向的,在余额栏内登记负数余额

D. 根据国家统一会计制度的规定可以用红字登记的其他会计记录

6. 可用于更正因记账凭证错误而导致账簿登记错误的错账更正方法有(   )。

A. 划线更正法　　　　B. 红字更正法　　　　C. 补充登记法　　　　D. 平行登记法

7. 对账工作主要包括(   )。

A. 账簿记录与记账凭证核对

B. 总账与明细账核对

C. 总账与日记账核对

D. 现金日记账账面余额与现金实际库存数核对

8. 登记总分类账的依据可以是(   )。

A. 记账凭证　　　　　　　　　　　B. 汇总记账凭证

C. 科目汇总表　　　　　　　　　　D. 原始凭证汇总表

三、判断题

1. 账簿按其用途不同,可分为订本式账簿、活页式账簿和卡片式账簿。　　　　(   )

2. 库存商品明细分类账一般采用多栏式账页格式。　　　　　　　　　　　　(   )

3. 账簿中书写的文字和数字上面要留有适当空格,不要写满格,一般应占格距的1/2。

(   )

4. 记账以后,发现记账凭证中应借、应贷科目错误,应采用红字更正法更正。　　(   )

5. 现金日记账是逐笔序时登记的,故不必与总账进行核对。　　　　　　　　(   )

四、名词解释

1. 会计账簿

2. 总分类账簿

3. 现金日记账

4. 账务处理程序

五、简答题

1. 设置账簿的意义表现在哪几个方面?

2. 总分类账和明细分类账平行登记的要点有哪些?

六、实务题

1. 甲企业2020年3月银行存款日记账期初余额为260 000元。3月发生下列经济业务(不考虑相关税金):

(1) 2日,向银行借入3个月的借款30 000元,存入银行。

(2) 3日,购进A材料一批,价款32 000元,货款以银行存款支付,原材料全部验收入库。

(3) 7日,以银行存款28 000元偿还前欠购货款。

(4) 10 日,生产车间领用 A 材料 6 000 元,用于生产产品。

(5) 15 日,销售产品一批,价款 26 000 元,尚未收款。

(6) 18 日,购买生产设备一台,价款 60 000 元,以银行存款支付。

(7) 20 日,销售产品一批,价款 35 000 元,货款已存银行。

(8) 25 日,收到乙企业前欠货款 18 000 元,存入银行。

要求:请根据上述资料登记银行存款日记账,并按月汇总编制一张科目汇总表。

2. 某企业在对账过程中发现下列记账错误:

(1) 生产 A 产品领用原材料 30 000 元。

记账凭证误为:

借:生产成本 3 000

　　贷:原材料 3 000

(2) 购入原材料一批,价款 45 000 元,货款未付,原材料全部验收入库(不考虑相关税金)。

记账凭证误为:

借:原材料 54 000

　　贷:应付账款 54 000

(3) 以银行存款支付公司行政管理部门的水电费 2 420 元。

记账凭证为:

借:管理费用 2 420

　　贷:银行存款 2 420

账簿误记为 2 240 元。

(4) 计提生产车间的固定资产折旧 4 600 元。

记账凭证误为:

借:管理费用 4 600

　　贷:累计折旧 4 600

要求:请根据上述资料采用适当的更正方法进行更正。

测 试 题

一、单项选择题(每小题 3 分,共 30 分)

1. 原材料等财产物资明细账账页格式一般采用( )。

A. 数量金额式　　　B. 多栏式　　　C. 三栏式　　　D. 任意格式

2. 我国目前采用的现金日记账和银行存款日记账属于( )。

A. 普通日记账　　　B. 特种日记账　　　C. 分录日记账　　　D. 转账日记账

3. 三栏式账页格式一般适合于"( )"明细分类账户的登记。

A. 库存商品　　　B. 原材料　　　C. 应收账款　　　D. 管理费用

4. 活页账一般适用于( )。

A. 总分类账　　　　　　　　B. 现金日记账

C. 银行存款日记账　　　　　D. 明细分类账

5. 固定资产明细账的外表形式可以采用(　　)。

A. 订本式账簿　　　　　　　　　　B. 卡片式账簿

C. 活页式账簿　　　　　　　　　　D. 多栏式明细分类账

6. 应收账款明细账的账页格式一般采用(　　)。

A. 三栏式　　　　　　　　　　　　B. 数量金额式

C. 多栏式　　　　　　　　　　　　D. 任意一种明细账格式

7. 会计人员在结账前发现,根据记账凭证登记入账时误将 6 000 元写成 60 000 元,而记账凭证无误,应采用的更正方法是(　　)。

A. 补充登记法　　　B. 划线更正法　　　C. 红字更正法　　　D. 横线登记法

8. 记账以后,如果发现记账凭证上应借、应贷的会计科目并无错误,只是金额有错误,且所错记的金额小于应记的正确金额,应采用的更正方法是(　　)。

A. 划线更正法　　　B. 红字更正法　　　C. 补充登记法　　　D. 横线登记法

9. 年度结账后,更换下来的账簿可暂由会计部门保管(　　)。

A. 半年　　　　　　B. 1 年　　　　　　C. 2 年　　　　　　D. 3 年

10. 直接根据记账凭证逐笔登记总分类账的账务处理程序是(　　)。

A. 科目汇总表账务处理程序　　　　B. 多栏式日记账账务处理程序

C. 记账凭证账务处理程序　　　　　D. 汇总记账凭证账务处理程序

二、多项选择题(每小题 4 分,共 24 分)

1. 账簿按其外表形式分,可以分为(　　)。

A. 三栏式　　　　　B. 订本式　　　　　C. 卡片式　　　　　D. 活页式

2. 下列适用于多栏式明细账的是(　　)。

A. 管理费用　　　　B. 制造费用　　　　C. 原材料　　　　　D. 应付账款

3. 会计账簿按其用途的不同,可以分为(　　)。

A. 序时账簿　　　　　　　　　　　B. 分类账簿

C. 备查账簿　　　　　　　　　　　D. 数量金额式账簿

4. 登记银行存款日记账的依据为(　　)。

A. 银行存款收款凭证　　　　　　　B. 银行存款付款凭证

C. 现金收款凭证　　　　　　　　　D. 现金付款凭证

5. 账簿记录发生错误时,应根据错账的具体情况,按规定的方法进行更正,不准(　　)。

A. 涂改　　　　　　　　　　　　　B. 挖补

C. 用药水消除字迹　　　　　　　　D. 重新抄写

6. 在汇总记账凭证账务处理程序下,登记明细账的依据是(　　)。

A. 汇总记账凭证　　　B. 记账凭证　　　C. 原始凭证　　　D. 汇总原始凭证

三、判断题(每小题 4 分,共 20 分)

1. 三栏式账簿是指具有日期、摘要、金额三个栏目格式的账簿。　　　　　　(　　)

2. 特种日记账是专门用来记录某一类经济业务的日记账。　　　　　　　　(　　)

3. 多栏式明细账一般适用于资产类账户。　　　　　　　　　　　　　　　(　　)

4. 由于记账凭证错误而造成的账簿记录错误,可采用划线更正法进行更正。　　（　）

5. 采用科目汇总表账务处理程序,总分类账、明细分类账以及日记账都应该根据科目汇总表登记。　　　　　　　　　　　　　　　　　　　　　　　　（　）

四、业务题(共 26 分)

甲企业 2020 年 3 月"应收账款"账户的期初借方余额为 56 000 元,其中,应收 A 企业货款 32 000 元,应收 B 企业货款 24 000 元。本月发生下列经济业务(不考虑相关税金):

(1) 3 日,收到 A 企业偿还前欠货款 22 000 元,款项存入银行。

(2) 7 日,企业销售产品一批,价款 54 000 元,其中,销售给 A 企业 28 000 元,销售给 B 企业 26 000 元,货款均未收到。

(3) 12 日,收到 B 企业偿还前欠货款 15 000 元,款项存入银行。

(4) 16 日,向 A 企业销售产品一批,价款 20 000 元,尚未收款。

要求:请根据上述资料进行平行登记,并编制"总分类账户与明细分类账户发生额及余额对照表"进行检查。

项目六 财产清查

练 习 题

一、单项选择题

1. 现金清查的方法是(　　)。

A. 技术测算法
B. 实地盘点法
C. 外调核对法
D. 与银行对账单相核对

2. 实地盘存制与永续盘存制的主要区别是(　　)。

A. 登记账簿的方法不同
B. 盘点的目标不同
C. 盘点的工具不同
D. 盘亏结果处理不同

3. 一般而言,单位撤销、合并时,要进行(　　)。

A. 定期清查
B. 全面清查
C. 局部清查
D. 实地清查

4. 对于现金的清查,应将其结果及时填列(　　)。

A. 盘存单
B. 实存账存对比表
C. 现金盘点报告表
D. 对账单

5. 银行存款清查的方法是(　　)。

A. 日记账与总分类账核对
B. 日记账与收付款凭证核对
C. 日记账和对账单核对
D. 总分类账和收付款凭证核对

6. 对于大量成堆难于清点的财产物资,应采用的清查方法是(　　)。

A. 实地盘点法
B. 抽样盘点法
C. 查询核对法
D. 技术推算盘点法

7. 在记账无误的情况下,造成银行对账单和银行存款日记账不一致的原因是(　　　)。

A. 应付账款　　　　　　B. 应收账款　　　　　　C. 未达账项　　　　　　D. 外埠存款

8. "实存账存对比表"是调整账面记录的(　　　)。

A. 记账凭证　　　　　　B. 转账凭证　　　　　　C. 原始凭证　　　　　　D. 累计凭证

9. 下列项目的清查应采用询证核对法的是(　　　)。

A. 原材料　　　　　　　B. 应付账款　　　　　　C. 实收资本　　　　　　D. 短期投资

10. "待处理财产损溢"账户未转销的借方余额表示(　　　)。

A. 尚待处理的盘盈数　　　　　　　　　　B. 尚待处理的盘亏和毁损数

C. 已处理的盘盈数　　　　　　　　　　　D. 已处理的盘亏和毁损数

11. 对财产物资的收发都有严密的手续,且在账簿中有连续的记载,便于确定结存实有数量的制度是(　　　)。

A. 实地盘存制　　　　　B. 权责发生制　　　　　C. 永续盘存制　　　　　D. 收付实现制

12. 对于盘盈的固定资产的净值经批准后应贷记的会计科目是"(　　　)"科目。

A. 营业外收入　　　　　　　　　　　　　B. 以前年度损益调整

C. 管理费用　　　　　　　　　　　　　　D. 待处理财产损溢

13. "待处理财产损溢"账户未转销的贷方余额表示(　　　)。

A. 已处理的财产盘盈　　　　　　　　　　B. 结转已批准处理的财产盘盈

C. 转销已批准处理财产盘亏和毁损　　　　D. 发生待处理财产的盘盈数

14. 采用实地盘存制,平时账簿记录中不能反映(　　　)。

A. 财产物资的购进业务　　　　　　　　　B. 财产物资的减少数额

C. 财产物资的增加和减少数额　　　　　　D. 财产物资的盘盈数额

15. 核销存货盘盈时,应贷记的会计科目是"(　　　)"科目。

A. 管理费用　　　　　　　　　　　　　　B. 营业外收入

C. 待处理财产损溢　　　　　　　　　　　D. 其他业务收入

16. 对债权债务的清查应采用的方法是(　　　)。

A. 询证核对法　　　　　　　　　　　　　B. 实地盘点法

C. 技术推算盘点法　　　　　　　　　　　D. 抽样盘存法

二、多项选择题

1. 使企业银行存款日记账余额大于银行对账单余额的未达账项是(　　　)。

A. 企业先收款记账而银行未收款未记的款项

B. 银行先收款记账而企业未收款未记的款项

C. 企业和银行同时收款的款项

D. 银行先付款记账而企业未付款未记账的款项

E. 企业先付款记账而银行未付款未记账的款项

2. 财产物资的盘存制度有(　　　)。

A. 收付实现制　　　　B. 权责发生制　　　　C. 永续盘存制　　　　D. 实地盘存制

E. 岗位责任制

3. 财产清查按照清查的时间不同,可分为(　　　)。

A. 全面清查   B. 局部清查   C. 定期清查   D. 不定期清查

E. 内部清查

4. 企业进行全部清查主要发生的情况有(   )。

A. 年终决算后   B. 清产核资时

C. 关停并转时   D. 更换现金出纳时

E. 单位主要负责人调离时

5. 财产清查按照清查的执行单位不同,可分为(   )。

A. 内部清查   B. 局部清查   C. 定期清查   D. 不定期清查

E. 外部清查

6. "银行存款余额调节表"是(   )。

A. 原始凭证   B. 盘存表的表现形式

C. 只起到对账作用   D. 银行存款清查的方法

E. 调整账面记录的原始依据

7. 常用的实物财产清查方法包括(   )。

A. 实地盘点法   B. 技术推算法   C. 函证核对法   D. 抽样盘点法

E. 永续盘存法

8. 按清查的范围不同,财产清查可以分为(   )。

A. 全面清查   B. 局部清查   C. 定期清查   D. 内部清查

E. 外部清查

9. 采用实地盘点法进行清查的项目有(   )。

A. 固定资产   B. 库存商品   C. 银行存款   D. 往来款项

E. 现金

10. 定期清查的时间一般是(   )。

A. 年末   B. 单位合并   C. 中外合资时   D. 季末

E. 月末

11. 核对账目法适用于(   )。

A. 固定资产的清查   B. 现金的清查

C. 银行存款的清查   D. 短期借款的清查

E. 预付账款的清查

12. 进行财产清查的作用是(   )。

A. 便于宏观管理

B. 保证各项财产物资的安全完整

C. 提高会计资料的质量,保证其真实可靠

D. 有利于改善企业经营管理,挖掘财产物资潜力

E. 有利于准确地编制收付款凭证

13. 全面清查的对象包括(   )。

A. 货币资金   B. 各种实物资产

C. 往来款项   D. 在途材料、商品

E. 委托加工、保管的物资

14. 编制"银行存款余额调节表"时,计算调节后的余额应以企业银行存款日记账余额( )。

A. 加企业未入账的收入款项 B. 加银行未入账的收入款项

C. 加双方都未入账的收入款项 D. 加企业未入账的支出款项

E. 减企业未入账的支出款项

15. 财产清查结果的处理步骤是( )。

A. 核准数字,查明原因 B. 调整凭证,做到账实相符

C. 调整账簿,做到账实相符 D. 进行批准后的账务处理

E. 销毁账簿资料

16. 对于盘亏的财产物资,经批准后进行账务处理,可能涉及的借方账户有"( )"账户。

A. 管理费用 B. 营业外支出

C. 营业外收入 D. 其他应收款

E. 待处理财产损溢

17. 进行不定期清查的情况有( )。

A. 更换财产和现金保管人员时

B. 发生自然灾害和意外损失时

C. 会计主体发生改变或隶属关系变动时

D. 财税部门对本单位进行会计检查时

E. 企业关停并转、清产核资、破产清算时

18. 下列可用作原始凭证,调整账簿记录的有( )。

A. 实存账存对比表 B. 未达账项登记表

C. 现金盘点报告表 D. 银行存款余额调节表

E. 结算款项核对登记表

19. "实存账存对比表"是( )。

A. 财产清查的重要报表

B. 会计账簿的重要组成部分

C. 调整账簿的原始凭证

D. 资产负债表的附表之一

E. 分析盈亏原因,明确经济责任的重要依据

三、判断题

1. 会计部门要在财产清查之前将所有的经济业务登记入账并结出余额,做到账账相符、账证相符,为财产清查提供可靠的依据。 ( )

2. 实地盘存制是指平时根据会计凭证在账簿中登记各种财产的增加数和减少数,在期末再通过盘点实物来确定各种财产的数量,并据以确定账实是否相符的一种盘存制度。 ( )

3. 未达账项是指在企业和银行之间,由于凭证的传递时间不同,而导致了记账时间不一致,即一方已接到有关结算凭证并已经登记入账,另一方由于尚未接到有关结算凭证而尚未入账的款项。 ( )

4. 为了反映和监督各单位在财产清查过程中查明的各种资产的盈亏或毁损及报废的转销数额,应设置"待处理财产损溢"账户,该账户属于资产类账户。 ( )

5. 财产管理和会计核算工作较好的单位可以不进行财产清查。 ( )

6. 对于未达账项,应编制"银行存款余额调节表",以检查企业与银行双方账面余额是否一致,并据以调整有关账簿的记录。 ( )

7. 银行存款账实不符肯定是因为存在未达账项。 ( )

8. 实物清查和现金清查均应背对背进行,因此,实物保管人员和出纳人员不能在场。 ( )

9. 调整无误的"银行存款余额调节表"的余额是企业银行存款的实有数。 ( )

10. 账实不符是财产管理不善或会计人员水平不高的结果。 ( )

四、名词解释

1. 财产清查
2. 永续盘存制
3. 实地盘存制
4. 全面清查
5. 局部清查

五、简答题

1. 财产清查的意义和作用是什么?
2. 简述永续盘存制和实地盘存制的优、缺点。
3. 财产清查的方法有哪些? 其适用范围分别是哪些?
4. "待处理财产损溢"账户的使用方法有哪些? 其期末余额分别表示什么意思?

六、实务题

1. 某企业 5 月 31 日的银行存款日记账账面余额为 691 600 元,而银行对账单上企业存款余额为 681 600 元,经逐笔核对,发现有以下未达账项:

(1)5 月 26 日,企业开出转账支票 3 000 元,持票人尚未到银行办理转账,银行尚未登账。

(2)5 月 28 日,企业委托银行代收款项 4 000 元,银行已收款入账,但企业未接到银行的收款通知,因而未登记入账。

(3)5 月 29 日,企业送存购货单位签发的转账支票 15 000 元,企业已登账,银行尚未登记入账。

(4)5 月 30 日,银行代企业支付水电费 2 000 元,企业尚未接到银行的付款通知,故未登记入账。

要求:根据以上有关内容,编制"银行存款余额调节表",并分析调节后是否需要编制有关会计分录。

银行存款余额调节表

年　月　日

元

项　目	金　额	项　目	金　额
银行对账单余额 加:企业已收银行未收款 减:企业已付银行未付款		企业银行存款日记账余额 加:银行已收企业未收款 减:银行已付企业未付款	
调整后余额		调整后余额	

2. X企业经财产清查,发现盘盈A材料3 200吨。经查明是由于计量上的错误所造成的,按每吨2元入账。

要求:分别做出批准前和批准后的账务处理。

3. Y企业经财产清查,发现盘亏B材料100吨,单价200元/吨。经查明,属于定额内合理的损耗有5吨,计1 000元;属于过失人造成的损失由责任人赔偿40吨,计8 000元;属于自然灾害造成的损失为55吨,计11 000元,但由保险公司赔偿6 000元。

要求:分别进行批准前和批准后的账务处理。

4. W企业在财产清查中,发现盘亏机器设备一台,账面原值为280 000元,已提折旧额为100 000元。

要求:分别进行批准前和批准后的账务处理。

测　试　题

一、单项选择题(每题2分,共20分)

1. 以下对存货的计算方法属于实地盘存制的是(　　)。

A. 期末余额＝期初余额＋本期购进额－本期减少额

B. 本期减少额＝期初余额＋本期购进额－期末余额

C. 本期购进额＝本期减少额＋期末余额－期初余额

D. 期初余额＝本期减少额＋期末余额－本期购进额

2. 财产清查是通过实地盘点和核对账目来查明(　　)是否相符的一种方法。

A. 账证　　　　　　B. 账账　　　　　　C. 账实　　　　　　D. 账表

3. 对银行存款的清查一般采用(　　)法。

A. 实地盘点　　　　B. 核对账目　　　　C. 技术推算　　　　D. 询证

4. 期末企业银行存款的记账余额为26万元,银行对账单为29万元,经对未达账项调节后的余额为28万元,则企业在银行的实际可以动用的银行存款数额是(　　)万元。

A. 26　　　　　　　B. 29　　　　　　　C. 28　　　　　　　D. 27

5. 采用实地盘存制,平时对财产物资的记录(　　)。

A. 只登记收入数,不登记发出数　　　　B. 只登记发出数,不登记收入数

C. 登记收入数,也登记发出数　　　　　D. 不登记收入数,也不登记发出数

6. 原材料盘亏,经分析是由于正常原因造成的,则处理结果最终应记入"(　　)"科目。

A. 销售费用   B. 管理费用   C. 营业外收入   D. 其他业务收入

7. 原材料盘亏,经分析是由于非正常原因造成的,则处理结果最终应记入"(　　)"科目。

A. 销售费用   B. 管理费用   C. 其他业务支出   D. 营业外支出

8. 固定资产盘亏,经分析是由于正常原因造成的,则处理结果最终应记入"(　　)"科目。

A. 销售费用   B. 管理费用   C. 营业外支出   D. 主营业务成本

9. 固定资产盘亏,经分析是由于非正常原因造成的,则处理结果最终应记入"(　　)"科目。

A. 销售费用   B. 管理费用   C. 营业外支出   D. 主营业务成本

10. 下列财产物资中,可以采用技术推算法进行清查的是(　　)。

A. 包装物   B. 产成品

C. 煤炭等大宗物资   D. 库存商品

二、多项选择题(每题 2 分,共 20 分)

1. 按清查的对象范围,财产清查可以分为(　　)。

A. 定期清查   B. 不定期清查   C. 全面清查   D. 局部清查

2. 对银行存款的清查,是通过核对账目进行的,编制"银行存款余额调节表"时,对企业银行存款日记账余额进行调节,应(　　)。

A. 加企业已收,银行未收的款项   B. 加银行已收,企业未收的款项

C. 减企业已付,银行未付的款项   D. 减银行已付,企业未付的款项

3. 全面清查一般在(　　)情况下进行。

A. 年度终了   B. 单位合并   C. 出纳离职   D. 清算

4. 未达账项有(　　)的情况。

A. 银行已收款入账而企业未入账   B. 银行已付款入账而企业未入账

C. 企业已收款入账而银行未入账   D. 企业已付款入账而银行未入账

5. 当财产物资发生的盘亏和损失在报经批准后,可以转入的账户有"(　　)"账户。

A. 管理费用   B. 其他应收款

C. 营业外支出   D. 待处理财产损溢

6. 存货盘存制度一般有(　　)。

A. 永续盘存制   B. 实地盘存制   C. 权责发生制   D. 收付实现制

7. 某单位在财产清查过程中,发现盘亏原材料 900 元,经查明核实,其中属于定额内的损耗有 200 元,由于保管人员失职造成的损失有 300 元(应由个人全额赔偿),由于非常灾害造成的损失有 400 元(全部由保险公司赔偿)。对盘亏结果进行会计处理,贷记"待处理财产损溢——待处理流动资产损溢"账户 900 元,借方登记(　　)。

A. 其他应收款——保管人员 300   B. 其他应收款——保险公司 400

C. 管理费用 200   D. 营业外支出 200

8. 企业对实物资产通常可以采用(　　)方法进行清查。

A. 实地盘存制   B. 永续盘存制   C. 实地盘点法   D. 技术推算法

9. 下列各项中,企业可以进行局部清查的有(　　)。

A. 年终决算之前   B. 现金和银行存款

C. 开展资产评估、清产核资时　　　　　　D. 各种债权债务

10. 财产物资盘亏报批后可能涉及的借方科目有"（　　）"科目。

A. 其他应收款　　　　　　　　　　　　　B. 待处理财产损溢

C. 营业外支出　　　　　　　　　　　　　D. 管理费用

三、判断题（每题 1 分，共 10 分）

1. 盘存类账户的财产清查均采用实地盘点的方法。　　　　　　　　　　（　　）

2. 全面清查既可以是定期清查，也可以是不定期清查。　　　　　　　　（　　）

3. 银行存款日记账与银行对账单余额不一致的原因主要是由记账错误和未达账项所造成的。　　　　　　　　　　　　　　　　　　　　　　　　　　　　　　（　　）

4. 企业在银行的实有存款应是银行对账单上列明的余额。　　　　　　　（　　）

5. 对于无法收回的应收款，应先记入"待处理财产损溢"账户，经批准后再转入有关账户。　　　　　　　　　　　　　　　　　　　　　　　　　　　　　　　　　　（　　）

6. 对于财产物资的盘盈，无法查明原因的，一般记入"营业外收入"账户。　　（　　）

7. 永续盘存制的优点是有利于存货的收、发、存管理，保护企业财产物资。　（　　）

8. 在实地盘存制下，期末存货＝期初存货＋本期收入数－本期发出数。　　（　　）

9. 在永续盘存制下，期末存货不需要进行盘点。　　　　　　　　　　　（　　）

10. 不管是盘盈还是盘亏，均应首先调整相关资产项目，同时将对方科目确认为待处理财产损溢。　　　　　　　　　　　　　　　　　　　　　　　　　　　　　　（　　）

四、名词解释（每题 3 分，共 15 分）

1. 财产盘盈

2. 财产盘亏

3. 定期清查

4. 不定期清查

5. 未达账项

五、简答题（每题 3 分，共 12 分）

1. 什么是银行存款的未达账项？它包括哪几种情况？

2. 全面清查和局部清查各有什么特点？

3. 企业在什么情况下，对其财产进行全面清查？其检查对象包括哪些内容？

4. 财产清查结果的账务处理分哪两步进行？

六、实务题（第 1 题 10 分，第 2 题 13 分，共 23 分）

1. 华兴公司 2020 年 3 月 31 日的银行存款日记账余额为 55 300 元，银行送来的对账单余额为 58 100 元，经核查，发现有如下未达账项：

（1）银行代企业收到 A 公司销货款 5 000 元，银行已经入账，但企业尚未接到收款通知，未入账；

（2）银行代企业支付 D 公司材料款 2 800 元，银行已经入账，但企业尚未接到付款通知，

未入账;

(3) 企业送存转账支票一张,面额3 000元,企业已经入账增加银行存款,开户银行尚未入账;

(4) 企业开出的现金支票一张,面额3 600元,企业已经入账减少银行存款,开户银行尚未入账。

要求:根据以上资料,编制"银行存款余额调节表",并计算该公司月末调节后的银行存款余额。

银行存款余额调节表

年　月　日　　　　　　　　　　　　　　　　　　　　元

项　目	金　额	项　目	金　额
银行对账单余额 加:企业已收银行未收款 减:企业已付银行未付款		企业银行存款日记账余额 加:银行已收企业未收款 减:银行已付企业未付款	
调整后余额		调整后余额	

2. 某企业期末财产清查发现以下几种情况:

(1) 现金短款36元,原因待查;

(2) A材料盘盈20千克,计价款200元,原因待查;

(3) B产品盘亏一件,计价款300元,原因待查;

(4) 盘盈现金136元,原因待查;

(5) 盘亏机器设备一台,原价5 000元,已计提折旧3 000元。

查明原因如下:

(1) 短缺的现金属于出纳人员过失所致,由其赔偿;

(2) A材料盘盈属于计量误差,经批准冲抵管理费用;

(3) B产品盘亏属于被盗所致,应向保管人员张某索赔;

(4) 盘盈现金,经批准做营业外收入处理;

(5) 盘亏的机器设备,应当向保险公司索赔,并收到赔款1 500元,其余做营业外支出处理。

要求:根据上述资料,编制会计分录。

项目七 编制财务报告

训练目标

1. 掌握财务报表的概念、种类。
2. 理解财务报表的编制要求。
3. 掌握资产负债表、利润表的基本结构和编制方法。
4. 了解现金流量表的基本原理。
5. 了解财务报表的整理、报送。

关键概念

1. 财务报告 2. 资产负债表 3. 利润表 4. 现金流量表

练 习 题

一、单项选择题

1. 资产负债表是反映企业在( )财务状况的财务报表。

A. 某一特定时期
B. 某一特定会计期间
C. 一定时间
D. 某一特定日期

2. 资产负债表中"货币资金"项目不包括"( )"账户的余额。

A. 库存现金
B. 银行存款
C. 应收票据
D. 其他货币资金

3. 反映企业在一定会计期间经营成果的财务报表是( )。

A. 资产负债表
B. 所有者权益变动表
C. 现金流量表
D. 利润表

4. 根据"收入－费用＝利润"填列的财务报表是( )。

A. 利润分配表
B. 资产负债表
C. 现金流量表
D. 利润表

5. 财务报表中报表项目的数字，其直接来源是( )。

A. 原始凭证
B. 记账凭证
C. 账簿记录
D. 日记账

6. 财务报表按( )不同，分为月报、季报、半年报和年报。

A. 提供资料的重要程度
B. 反映的经济内容
C. 编制时间
D. 反映的经济活动形态

7. 资产负债表编制中,可以根据有关账簿记录直接填列的项目有"(　　)"项目。

A. 货币资金　　　　B. 存货　　　　C. 短期借款　　　　D. 应收账款

8. 根据"资产＝负债＋所有者权益"这一平衡公式填列的会计报表是(　　)。

A. 纳税申报表　　　　　　　　　　B. 利润表

C. 资产负债表　　　　　　　　　　D. 现金流量表

9. 某企业 2019 年 11 月有关收入、费用的发生情况如下:主营业务收入 150 万元,主营业务成本 80 万元,其他业务收入 10 万元,其他业务成本 6 万元,销售费用 6 万元,管理费用 20 万元,投资收益 15 万元,财务费用 2 万元,营业外收入 2 万元,营业外支出 1 万元。则该企业的营业利润为(　　)万元。

A. 61　　　　　　　B. 62　　　　　　　C. 74　　　　　　　D. 48

10. "预付账款"账户所属明细账户如有贷方余额,应在(　　)项目中反映。

A. 应付账款　　　　B. 预收账款　　　　C. 应收账款　　　　D. 预付账款

二、多项选择题

1. 资产负债表的基本要素有(　　)。

A. 资产　　　　　　B. 负债　　　　　　C. 收入　　　　　　D. 费用

E. 所有者权益

2. 资产负债表的金额栏分为(　　)。

A. 上一年年末余额　　B. 期末余额　　　C. 上期数　　　　　D. 本期数

3. 下列各项中,属于不能用总账余额直接填列的项目有"(　　)"项目。

A. 应收账款　　　　B. 固定资产　　　　C. 预收账款　　　　D. 应付账款

4. 下列项目中,应计入资产负债表中"存货"项目的有(　　)。

A. 生产成本　　　　B. 库存商品　　　　C. 原材料　　　　　D. 周转材料

5. 利润表的基本要素有(　　)。

A. 资产　　　　　　B. 负债　　　　　　C. 收入　　　　　　D. 费用

E. 利润

6. 下列项目中,影响营业利润的因素有(　　)。

A. 营业收入　　　　B. 营业成本　　　　C. 营业外收入　　　　D. 投资收益

7. 资产负债表的左方包括(　　)等项目。

A. 流动资产　　　　B. 非流动资产　　　C. 流动负债　　　　D. 非流动负债

8. 资产负债表的右方分为(　　)三段。

A. 流动负债　　　　B. 非流动负债　　　C. 所有者权益　　　D. 资产

9. 财务报表按其编写时间的不同,可分为(　　)。

A. 利润表　　　　　B. 年度会计报表　　C. 资产负债表　　　D. 中期会计报表

E. 现金流量表

10. 利润表中有两个栏目,它们是(　　)。

A. 年初余额　　　　B. 年末余额　　　　C. 本期金额　　　　D. 上期金额

三、判断题

1. 企业的资产负债表是按年编制的财务报表。　　　　　　　　　　（　　）
2. 资产负债表的资产项目是根据各资产的流动性由强到弱、自上而下排列的。（　　）
3. 反映财务状况的财务报表有资产负债表和利润表。　　　　　　　　（　　）
4. 资产负债表属于静态报表,利润表属于动态报表。　　　　　　　　（　　）
5. 企业的利润总额反映的是企业一定时期内实现的营业利润。　　　　（　　）
6. 企业缴纳的所得税将会影响企业的利润总额。　　　　　　　　　　（　　）
7. 资产负债表中各项目的数据来源是总分类账账户余额。　　　　　　（　　）
8. 按照《企业会计准则》的规定,我国企业的利润表采用多步式。　　　（　　）

四、实务题

1. **目的**:练习资产负债表的编制。
2. **资料**:宏达公司 2020 年 3 月 31 日有关账户余额资料如下表所示:

宏达公司总分类账户余额表　　　　　　　　　　　　　　　金额单位:元

账户名称	借方余额	账户名称	贷方余额
库存现金	2 780.00	短期借款	300 000.00
银行存款	67 586.00	应付账款	27 520.00
应收账款	65 880.00	其他应付款	3 000.00
其他应收款	2 500.00	应付职工薪酬	57 000.00
原材料	105 621.00	应交税费	13 562.00
库存商品	512 666.00	长期借款	200 000.00
生产成本	262 135.00	累计折旧	796 760.00
固定资产	1 589 520.00	利润分配	252 000.00
在建工程	265 820.00	实收资本	1 171 517.00
无形资产	62 501.00	盈余公积	115 650.00
合　计	2 937 009.00	合　计	2 937 009.00

要求:根据上述资料编制宏达公司 2020 年 3 月 31 日的资产负债表。

资产负债表

会企 01 表

编制单位:　　　　　　　　　　_____年_____月_____日　　　　　　　　　　单位:元

资　　产	期末余额	上年年末余额	负债和所有者权益（或股东权益）	期末余额	上年年末余额
流动资产:			流动负债:		
货币资金			短期借款		

资　　产	期末余额	上年年末余额	负债和所有者权益（或股东权益）	期末余额	上年年末余额
交易性金融资产			交易性金融负债		
衍生金融资产			衍生金融负债		
应收票据			应付票据		
应收账款			应付账款		
应收款项融资			预收款项		
预付款项			合同负债		
其他应收款			应付职工薪酬		
存货			应交税费		
合同资产			其他应付款		
持有待售资产			持有待售负债		
一年内到期的非流动资产			一年内到期的非流动负债		
其他流动资产			其他流动负债		
流动资产合计			流动负债合计		
非流动资产：			非流动负债：		
债权投资			长期借款		
其他债权投资			应付债券		
长期应收款			其中:优先股		
长期股权投资			永续债		
其他权益工具投资			租赁负债		
其他非流动金融资产			长期应付款		
投资性房地产			预计负债		
固定资产			递延收益		
在建工程			递延所得税负债		
生产性生物资产			其他非流动负债		
油气资产			非流动负债合计		
使用权资产			负债合计		
无形资产			所有者权益(或股东权益)：		
开发支出			实收资本(或股本)		
商誉			其他权益工具		
长期待摊费用			其中:优先股		

续 表

资 产	期末余额	上年年末余额	负债和所有者权益（或股东权益）	期末余额	上年年末余额
递延所得税资产			永续债		
其他非流动资产			资本公积		
非流动资产合计			减：库存股		
			其他综合收益		
			专项储备		
			盈余公积		
			未分配利润		
			所有者权益（或股东权益）合计		
资产总计			负债和所有者权益（或股东权益）总计		

2. 目的：练习利润表的编制。

资料：恒瑞公司 2020 年 3 月 31 日的有关账户发生额资料如下表所示：

损益类账户发生额资料

2020 年 3 月

单位：元

账户名称	本期发生额	
	借方	贷方
主营业务收入		976 000
主营业务成本	634 400	
税金及附加	14 656	
销售费用	112 000	
管理费用	78 560	
财务费用	9 800	
其他业务收入		10 000
其他业务成本	3 001	
投资收益		28 000
营业外收入		1 000
营业外支出	500	
所得税费用	40 520.75	

要求：根据上述资料编制恒瑞公司 2020 年 3 月的利润表。

利 润 表

编制单位： _____年___月 单位:元

项　目	本期金额	上期金额
一、营业收入		
减:营业成本		
税金及附加		
销售费用		
管理费用		
研发费用		
财务费用		
其中:利息费用		
利息收入		
加:其他收益		
投资收益(损失以"－"号填列)		
其中:对联营企业和合营企业的投资收益		
以摊余成本计量的金融资产终止确认收益(损失以"－"号填列)		
净敞口套期收益(损失以"－"号填列)		
公允价值变动收益(损失以"－"号填列)		
信用减值损失(损失以"－"号填列)		
资产减值损失(损失以"－"号填列)		
资产处置收益(损失以"－"号填列)		
二、营业利润(亏损以"－"号填列)		
加:营业外收入		
减:营业外支出		
三、利润总额(亏损总额以"－"号填列)		
减:所得税费用		
四、净利润(净亏损以"－"号填列)		
……		
五、其他综合收益的税后净额		
六、综合收益总额		
七、每股收益		
(一)基本每股收益		
(二)稀释每股收益		

测 试 题

一、单项选择题(每题 2 分,共 20 分)

1. 财务报表中项目数字的直接来源是( )。

A. 原始凭证　　　　B. 记账凭证　　　　C. 日记账　　　　D. 账簿记录

2. 某企业 2020 年发生的营业收入为 200 万元,营业成本为 100 万元,销售费用为 10 万元,管理费用为 20 万元,财务费用为 5 万元,投资收益为 20 万元,资产减值损失为 10 万元(损失),公允价值变动损益为 30 万元(收益),营业外收入为 8 万元,营业外支出为 7 万元。该企业 2020 年的营业利润为( )万元。

A. 108　　　　　　B. 105　　　　　　C. 85　　　　　　D. 100

3. 在资产负债表中,可按总分类账户的余额直接填列的项目是"( )"科目。

A. 货币资金　　　　B. 存货　　　　　C. 固定资产　　　　D. 短期借款

4. ( )是反映企业在一定时期内经营成果的财务报表。

A. 资产负债表　　　B. 利润表　　　　C. 会计报表　　　　D. 现金流量表

5. 资产负债表中,资产项目的排列顺序是依据项目的( )原则来确定的。

A. 流动性　　　　　B. 收益性　　　　C. 重要性　　　　D. 时间性

6. 资产负债表中,"未分配利润"项目应根据( )账户的期末余额填列。

A. "本年利润"　　　　　　　　　　B. "利润分配"

C. "本年利润"和"利润分配"　　　　D. "应付利润"

7. 利润表应根据( )分析填列。

A. "本年利润"账户　　　　　　　　B. "利润分配"账户

C. 损益类账户的发生额　　　　　　D. 损益类账户的余额

8. 以下报表中属于静态报表的是( )。

A. 资产负债表　　　　　　　　　　B. 利润表

C. 现金流量表　　　　　　　　　　D. 所有者权益变动表

9. 多步式利润表是通过多步计算当期损益,通常把利润计算分解为( )。

A. 营业利润、利润总额、净利润

B. 毛利、营业利润和应税利润额

C. 主营业务利润、附营业利润和营业外利润

D. 毛利、营业利润和利润总额

10. 在资产负债表中,应按几个总分类账户的余额计算填列的项目是"( )"项目。

A. 货币资金　　　B. 应付职工薪酬　　　C. 应交税费　　　D. 应付利息

二、多项选择题(每题 2 分,共 20 分)

1. 财务报表按反映的经济内容分类,有( )。

A. 资产负债表　　　　　　　　　　B. 利润表

C. 现金流量表　　　　　　　　　　D. 财务情况说明书

2. 财务报告的使用者有(　　)。

A. 投资者　　　　　　B. 债权人　　　　　　C. 财税部门　　　　　　D. 上级主管部门

3. 下列账户中,可能影响资产负债表中"应付账款"项目金额的有(　　)。

A. 应收账款　　　　B. 预收账款　　　　C. 应付账款　　　　D. 预付账款

4. 利润表中的"营业成本"项目应根据"(　　)"账户的发生额分析填列。

A. 主营业务成本　　　　　　　　　　B. 其他业务成本

C. 税金及附加　　　　　　　　　　　D. 营业外支出

5. 在资产负债表中,应作为"存货"项目列示的有(　　)。

A. 生产成本　　　　　　　　　　　　B. 工程物资

C. 原材料　　　　　　　　　　　　　D. 在途物资

6. 应在财务报告上签名并盖章的人有(　　)。

A. 董事长　　　　　　　　　　　　　B. 总经理

C. 单位负责人　　　　　　　　　　　D. 会计主管人员

7. 下列各项中,应在资产负债表中"应收账款"项目中反映的有(　　)。

A. "预收账款"明细科目的借方余额　　B. "应付账款"明细科目的贷方余额

C. "预付账款"明细科目的贷方余额　　D. "应收账款"明细科目的借方余额

8. 财务报表按编制时期的不同,可以分为(　　)。

A. 中期财务报表　　　　　　　　　　B. 个别财务报表

C. 合并财务报表　　　　　　　　　　D. 年度财务报表

9. 属于动态报表的有(　　)。

A. 资产负债表　　　　　　　　　　　B. 利润表

C. 合并报表　　　　　　　　　　　　D. 现金流量表

10. 利润表中的"营业收入"项目应根据"(　　)"科目余额填列。

A. 主营业务收入　　　　　　　　　　B. 其他业务收入

C. 营业外收入　　　　　　　　　　　D. 投资收益

三、判断题(每题 1 分,共 10 分)

1. 资产负债表是反映企业某一特定期间资产、负债和所有者权益的报表。　　　　(　　)

2. 利润表是反映企业在一定期间的经营成果的报表。　　　　　　　　　　　　(　　)

3. 利润表是以"收入-费用=利润"为基础编制的。　　　　　　　　　　　　　(　　)

4. 对外财务报表是向外部有关方面提供的会计报表。因此,企业管理人员一般不利用它为内部管理服务。　　　　　　　　　　　　　　　　　　　　　　　　　　　　(　　)

5. 实际工作中,为使财务报表及时报送,企业可以提前结账。　　　　　　　　(　　)

6. 资产负债表左、右两方的项目,都是根据有关总账或明细账的期末余额直接填列的。　　　　　　　　　　　　　　　　　　　　　　　　　　　　　　　　　(　　)

7. 资产负债表中,资产项目的排列顺序是根据项目的重要性原则来确定的。　　(　　)

8. 利润表的格式有单步式和多步式。　　　　　　　　　　　　　　　　　　　(　　)

9. 资产负债表中,"存货"项目应根据"库存商品"账户的期末余额填列。　　　(　　)

10. 年度财务报表要永久保存。　　　　　　　　　　　　　　　　　　　　　(　　)

四、计算分析题(共 20 分)

某企业 2020 年 2 月月末部分会计科目的余额如下:

元

总账科目			所属明细科目		
科目	借方	贷方	科目	借方	贷方
应收账款	40 000		A 公司 B 公司	60 000	20 000
预付账款	10 000		C 公司 D 公司	16 000	6 000
坏账准备		1 000			
应付账款		30 000	E 公司 F 公司	10 000	40 000
预收账款		4 000	G 公司 H 公司	2 000	6 000
固定资产	1 000 000				
累计折旧		20 000			
本年利润		60 000			
利润分配	40 000				

要求:根据上述资料,计算该企业 2020 年 2 月月末资产负债表中"应收账款""预付账款""应付账款""预收账款""未分配利润""固定资产"等项目的金额。

五、实务题(共 30 分)

某企业 2020 年 5 月有关账户的发生额资料如下:

主营业务收入　300 000 元　　　　主营业务成本　100 000 元

税金及附加　50 000 元　　　　　其他业务收入　20 000 元

其他业务成本　11 000 元　　　　管理费用　6 000 元

销售费用　13 000 元　　　　　　财务费用　10 000 元

投资净收益　40 000 元　　　　　营业外收入　1 000 元

营业外支出　6 000 元

要求:根据上述资料计算所得税费用(所得税税率为 25%,假设没有税前调整项目),并编制该企业 2020 年 5 月的利润表。

下篇　项目实训

实训一　原始凭证的填制

一、能力目标

1. 能够根据企业所发生的经济业务确定应当填制的原始凭证名称。
2. 能够根据企业所发生的经济业务正确填制原始凭证。
3. 能够正确书写会计数码字。

二、实训示例

3600083620　　江西增值税专用发票　　No 01567859　3600083620
　　　　　　　　　　　　　　　　　　　　　　　　　　　　　01567859

开票日期：2019 年 05 月 09 日

购货方	名　　称：天津光明设备制造有限公司 纳税人识别号：915987016383755566 地　址、电话：天津市津华路88号　66668888 开户行及账号：工行天津津华路支行　998905674821	密码区	66/－3947/－>59＊<818<41＊＊－0> <61>＊7>/0/433>2＊3－0＋672<7＊36 00083620 5＋－<<51＋41＋>＊>58＊8460 01567859 90012<42＋＊31/58>>81

货物或应税劳务、服务名称	规格型号	单位	数量	单价	金额	税率	税额
海鲜压缩机	hxysj	台	40	60.00	2 400.00	13%	312.00
激光压缩机	jgysj	台	40	80.00	3 200.00	13%	416.00
工业压缩机	gyysj	台	40	90.00	3 600.00	13%	468.00
合　　计					￥9 200.00		￥1 196.00

价税合计（大写）	⊗壹万零叁佰玖拾陆元整	（小写）￥10 396.00

销货方	名　　称：江西方大制钢有限公司 纳税人识别号：913604445556667779 地　址、电话：南昌市阳明路176号　85662566 开户行及账号：工行南昌阳明路支行　121234345656	备注	江西方大制钢有限公司 913604445556667779 发票专用章

收款人：杨红　　　复核：王珍　　　开票人：王明　　　销货单位：（章）

第三联：发票联　购货方记账凭证

三、任务描述

1. 在填制原始凭证之前,熟悉实训资料中的经济业务,对经济业务发生的条件、原因、制度规定和情况有所了解。

2. 在熟悉经济业务的基础上,逐笔填制原始凭证。

四、实训准备

配备蓝(黑)笔、算盘或计算器。

五、实训资料

1. 企业概况:

企业名称:海华有限责任公司	法人代表:刘丽
地址:南昌市桃苑路 88 号	电话:0791 - 86468288
开户银行:中国工商银行桃苑支行	账号:190320171040356

统一社会信用代码:913600011126583015(增值税一般纳税人)

会计主管:黄林	会计:李林(记账)、杨华(审核)
出纳:王珍珍	仓库保管:刘林

2. 2020 年 4 月份发生的经济业务如下:

(1) 1 日,出纳员王珍珍开出现金支票一张,从银行提取现金 1 500 元以备零用,填写现金支票。见原始凭证 1-1。

原始凭证 1-1

(2) 4 日,出纳员将当天的销售款 55 200 元现金存入银行(其中面额 100 元的 500 张,面额 50 元的 100 张,面额 10 元的 20 张),填制银行现金交款单。见原始凭证 1-2。

原始凭证 1-2

中国工商银行　现金交款单（回单）

年　月　日

交款单位			收款	全称			千	百	十	万	千	百	十	元	角	分
款项来源			单位	账号		开户银行										
大写金额																
券别	伍角	贰角	壹角	伍分	贰分	壹分	科目（贷）									
张数							对方科目（借）现金									
券别	壹佰元	伍拾元	拾元	伍元	贰元	壹元										
张数																

（3）6 日，开出转账支票 20 000 元，向海江工厂（该单位开户行及账号：工行中兴分行 05-908734786114）预付材料款，填制转账支票。见原始凭证 1-3。

原始凭证 1-3

中国工商银行 转账支票存根 **10286804** 33888991 附加信息 _____ _____ 出票日期　年　月　日 收款人： 金　额： 用　途： 单位主管　　　会计	付款期限自出票之日起十天	中国工商银行　转账支票　**10286804** 33888991

出票日期（大写）　年　月　日　　付款行名称：

收款人：　　　　　　　　　　　出票人账号：

人民币 （大写）		亿	千	百	十	万	千	百	十	元	角	分

用途　　　　　　　密码

上列款项请从　　　　行号

我账户内支付

出票人签章　　财务专用章　　　　刘丽印章　　复核　　记账

(4)7日,销售科职工杨红赴京参加商品展销会,经批准向财务科借差旅费3 000元,财务人员审核单据无误后以现金付讫,填制借款单。见原始凭证1-4。

原始凭证1-4

借 款 单

年 月 日

部　门		借款事由		现金付讫	
借款金额	金额(大写)				¥_____
批准金额	金额(大写)				¥_____
领导		财务主管		借款人	

(5)8日,向本市纺织厂购进乙材料100件,单价200元,增值税3 400元,开出转账支票付款,材料验收入库,填制收料单和转账支票。见原始凭证1-5-1、原始凭证1-5-2。

原始凭证1-5-1

收 料 单

供应单位：　　　　　　　　　　　　　　　　　　　　　　　　编号

发票号：　　　　　　　　　　　年 月 日　　　　　　　　　　仓库：

　　　　　　　　　　　　　　　　　　　　　　　　　　　　　　　　元

材料类别	材料名称	规格	数　量		计量单位	单价	发票金额	运杂费	合　计								第二联 记账联
			应收	实收					十	万	千	百	十	元	角	分	
	．																
合　　计																	
备注																	

材料会计：　　　　　　验收人：　　　　　　交料人：　　　　　　保管员：

原始凭证 1－5－2

中国工商银行 转账支票存根 **10286804** 33888992	付款期限自出票之日起十天	⑯ 中国工商银行 转账支票 **10286804** 33888992

附加信息 ＿＿＿＿＿＿＿
＿＿＿＿＿＿＿＿＿＿

出票日期　年　月　日

收款人：

金　额：

用　途：

单位主管　　　会计

出票日期(大写)　年　月　日　　付款行名称：

收款人：　　　　　　　　出票人账号：

人民币 (大写)	亿	千	百	十	万	千	百	十	元	角	分

用途：　　　　　　　密码 ＿＿＿＿＿＿＿
上列款项请从　　　　行号 ＿＿＿＿＿＿＿
我账户内支付
出票人签章　　　　　　　　复核　　记账

财务专用章　　刘丽印章

（6）13日，杨红赴京归来，报销差旅费 2 660，退回现金 340 元，出纳开出收据。见原始凭证 1－6－1 至原始凭证 1－6－2，两张飞机票和一张住宿费发票略。

原始凭证 1－6－1

统一收款收据（三联单）

年　月　日

交款单位 或交款人		收款方式	
事由 ＿＿＿＿＿＿＿＿＿＿＿＿＿＿ 金额(人民币大写)：＿＿＿＿＿＿＿ ￥		备注： 财务专用章	第三联 记账依据

收款人：　　　　　　收款单位(盖章)

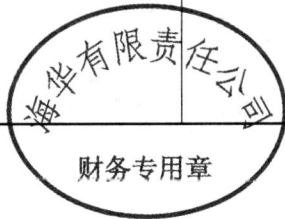

原始凭证 1-6-2

差旅费报销单

2020 年 4 月 13 日

部门:销售科

<table>
<tr><td rowspan="2">姓名</td><td rowspan="2">杨红</td><td rowspan="2">出差事由</td><td rowspan="2">部门开会</td><td colspan="2">出差自 2020 年 4 月 7 日</td><td rowspan="2" colspan="2">共 6 天</td></tr>
<tr><td colspan="2">至 2020 年 4 月 12 日</td></tr>
<tr><td colspan="6">起讫时间及地点</td><td>车船票</td><td>夜间乘车补助费</td><td colspan="3">出差乘补费</td><td>住宿费</td><td colspan="2">其他</td></tr>
<tr><td>月</td><td>日</td><td>起</td><td>月</td><td>日</td><td>讫</td><td>类别</td><td>金额</td><td>时间</td><td>标准</td><td>金额</td><td>日数</td><td>标准</td><td>金额</td><td>金额</td><td>摘要</td><td>金额</td></tr>
</table>

<table>
<tr><td>月</td><td>日</td><td>起</td><td>月</td><td>日</td><td>讫</td><td>类别</td><td>金额</td><td>时间</td><td>标准</td><td>金额</td><td>日数</td><td>标准</td><td>金额</td><td>金额</td><td>摘要</td><td>金额</td></tr>
<tr><td>4</td><td>7</td><td>南昌</td><td>4</td><td>7</td><td>北京</td><td>飞机</td><td>380.00</td><td></td><td></td><td></td><td></td><td></td><td></td><td></td><td></td><td></td></tr>
<tr><td>4</td><td>12</td><td>北京</td><td>4</td><td>12</td><td>南昌</td><td>飞机</td><td>380.00</td><td></td><td></td><td></td><td>6</td><td>150.00</td><td>900.00</td><td>1 000.00</td><td></td><td></td></tr>
<tr><td></td><td></td><td></td><td></td><td></td><td></td><td></td><td></td><td></td><td></td><td></td><td></td><td></td><td></td><td></td><td></td><td></td></tr>
<tr><td colspan="6">小计</td><td></td><td>￥760.00</td><td></td><td></td><td></td><td></td><td></td><td>￥900.00</td><td>￥1 000.00</td><td></td><td></td></tr>
<tr><td colspan="17">合计金额(大写):贰仟陆佰陆拾元整</td></tr>
<tr><td colspan="17">备注:预借 3 000.00 核销 2 660.00 退 340.00</td></tr>
</table>

附单据 共叁张

单位领导: 财务主管: 审核: 填报人:

  (7) 13 日,向南海华联商场销售 A 产品 100 件,每件 700 元(不含增值税),增值税税率 13%,开出增值税专用发票,收到对方的转账支票一张,当日填写银行进账单送存银行。填制增值税专用发票及银行进账单(南海华联商场统一社会信用代码:913601056789200217;开户行及账号:工行胜利支行,203567789;地址、电话:上海路 88 号,0791-86668888)。

  见原始凭证 1-7-1 至原始凭证 1-7-3。

原始凭证 1-7-1

3600183620   江西增值税专用发票   № **04567859**   3600183620

此联不作报销、扣税凭证使用   04567859

开票日期: 年 月 日

<table>
<tr><td rowspan="4">购货方</td><td>名 称:</td><td rowspan="4">密码区</td><td rowspan="4">66/-3947/->59 * <818<41 * * -0>
<61 * 7>/0/433>2 * 3-0+672<7 * 360
0183620 5+-<<51+41+> * >58 * 8460
04567859 190012<42+ * 31/58>>81</td></tr>
<tr><td>纳税人识别号:</td></tr>
<tr><td>地址、电话:</td></tr>
<tr><td>开户行及账号:</td></tr>
<tr><td>货物或应税劳务、服务名称</td><td>规格型号</td><td>单位</td><td>数量</td><td>单价</td><td>金额</td><td>税率</td><td>税额</td></tr>
<tr><td></td><td></td><td></td><td></td><td></td><td></td><td></td><td></td></tr>
<tr><td>合 计</td><td></td><td></td><td></td><td></td><td></td><td></td><td></td></tr>
<tr><td>价税合计
(大写)</td><td colspan="5">(小写)</td><td></td><td></td></tr>
<tr><td rowspan="4">销货方</td><td>名 称:</td><td rowspan="4">备注</td><td rowspan="4"></td></tr>
<tr><td>纳税人识别号:</td></tr>
<tr><td>地址、电话:</td></tr>
<tr><td>开户行及账号:</td></tr>
</table>

第一联:记账联 销货方记账凭证

海华有限责任公司
913600011126583015
发票专用章

收款人: 复核: 开票人: 销货单位(章)

原始凭证 1－7－2

	中国工商银行　转账支票										17223558		

10484313

出票日期(大写)贰零贰零年肆月壹拾叁日　　　　　　付款行名称:工行胜利支行
收款人:海华有限责任公司　　　　　　　　　　　出票人账号:203567789

付款期限自出票之日起十天

人民币 （大写)捌万壹仟玖佰元整	亿	千	百	十	万	千	百	十	元	角	分
				¥	7	9	1	0	0	0	0

用途购货款
上列款项请从
我账户内支付
出票人签章

密码 2341547834328907
行号 _____

刘萍
印章

复核　　　　　　记账

（南海华联商务　财务专用章）

原始凭证 1－7－3

ICBC　中国工商银行　　　　　　　　　进账单(收账通知) 3

年　月　日

出票人	全　称		收款人	全　称										
	账　号			账　号										
	开户银行			开户银行										

金额	人民币 （大写)	亿	千	百	十	万	千	百	十	元	角	分

票据种类	转账支票	票据张数	
票据号码			

复核　　　记账　　　　　　开户银行签章　（章）

（中国工商银行股份有限公司南昌桃苑支行　2020.04.13　转讫（01））

此联是收款人开户银行交给收款人的收款通知

（8）14 日,基本生产车间生产 A 产品领用甲材料 200 千克,单价 35 元/千克,填写领料单。见原始凭证 1－8。

原始凭证 1－8

领 料 单

领料单位：   编号：

用途：   年 月 日   仓库：

元

材料类别	材料编号	材料名称及规格	计量单位	数 量		单价	金额
				请领	实领		
合 计							

记账：   发料：   领料部门负责人：   领料：

第二联 记账联

(9) 15 日,向银行借款 100 000 元,借款期限 6 个月,用于生产周转,填写借款凭证。见原始凭证 1－9。

原始凭证 1－9

中国工商银行   借款凭证

日期：   年 月 日   凭证号码:015498

借款人		账号										此联代收款人收账通知
贷款金额	人民币(大写)	千	百	十	万	千	百	十	元	角	分	
用途		期限 2020.04.15 转讫 (01)	约定还款日期		贷款利率 6%(年)		借款合同号码		年 月 日 20200201			

上列贷款已转入借款人指定的账户。

银行盖章(章)   复核 杜利丽   记账 蒋萍芝

(10) 15 日,销售科李岩报销差旅费(原借 2 000 元,出差每天补助 150 元,夜间乘车每晚补助 100 元),以现金补足差额。报销人填制差旅费报销单。见原始凭证 1－10－1～原始凭证 1－10－5。

原始凭证 1－10－1

差旅费报销单

部门：

年　月　日

姓　名		出差事由	部门开会	出差自		共　天	
				至			

起讫时间及地点						车船票		夜间乘车补助费			出差乘补费			住宿费	其他		附单据
月	日	起	月	日	讫	类别	金额	时间	标准	金额	日数	标准	金额	金额	摘要	金额	共
																	张
		小计															

合计金额(大写)：

备注：预借　　　核销　　　退补

单位领导：　　　财务主管：　　　审核：　　　填报人：

原始凭证 1－10－2

```
S051112                    售票口 A19
        T168
南昌  ──────→        郑州
Nanchang            Zhengzhou
2020 年 4 月 11 日 19:20 开   01 车 08 号
￥312 元                二等座
限乘当日当次车

3601021967＊＊2133  李岩
25403301160801S05112  南昌售
```

原始凭证 1－10－3

```
S051112                    售票口 A19
        T167
郑州  ──────→        南昌
Zhengzhou           Nanchang
2020 年 4 月 14 日 21:34 开   06 车 08 号
￥312 元                二等座
限乘当日当次车

3601021967＊＊2133  李岩
25403301160801S05112  南昌售
```

原始凭证 1-10-4

4100027856　河南增值税普通发票　No 02234997　4100027856
02234997

国统一发票监制　国家税务总局监制　发票联

机器编码:441018432523　　　　　开票日期:2020 年 04 月 14 日

第二联：发票联　购货方记账凭证

购货方								
	名　　称:海华有限责任公司					密码区	67/-3047/->59＊<818<9＊＊-0>	
	纳税人识别号:						<61>＊7)/433>2＊3-0+672<7 32201	
	地址、电话:						21620 1+<<51+41+>＊>58＊84 013	
	开户行及账号:						23712 7658006<56＊＊31/59>>45	

货物或应税劳务、服务名称	规格型号	单位	数量	单价	金额	税率	税额
住宿费					500.00	3%	15.00
合　计					￥500.00		￥15.00

价税合计(大写)	⊗伍佰壹拾伍元整	(小写)￥515.00

郑州假日酒店

销货方	名　　称:郑州假日酒店	备	
	纳税人识别号:914101045556665672		
	地址、电话:郑州市金水路 115 号　0371-65950055	校验码　42600 05478 93456 02453	
	开户行及账号:工行郑州市金水路支行　53420457690		

914101045556665672
发票专用章

收款人:钱西　　复核:米粒　　开票人:李明　　销货单位:(章)

原始凭证 1-10-5

河南增值税普通发票

发票联

发票代码:24100081134
发票号码:18456
机打号码:18456　　机器编码:00701045
销售方名称:郑州状元酒楼

纳税人识别号:4101023576685269
开票日期:20200414　　收款员:李琳
购买方名称:海华有限责任公司

纳税人识别号:913600011126588043

项目	单价	数量	金额
餐饮服务			650.00

郑州状元酒楼
914101023576685269
发票专用章
4101026836509

合计金额(小写):￥650.00
合计金额(大写)陆佰伍拾元整
校验码:42600079361101587137

实训二 原始凭证的审核

一、能力目标

1. 能够准确判断原始凭证是否正确、规范。
2. 能够直观判断原始凭证的真伪。
3. 能够正确处理不符合要求的原始凭证。

二、实训示例

河南省郑州市国家税务局通用手工发票

发票代码:24100081134

发票号码:02218456

发 票 联

付款方名称:海华有限责任公司　　2020 年 4 月 14 日填制

品名或项目	单位	数量	单价	金　额					备注
				百	十	元	角	分	
餐费 金额有误				6	5	0	0	0	
合计人民币(大 写)叁佰伍拾贰元零角零分									

收款方名称　　　　　　　　收款人:王琳　　　　　　　开票人:■静

有涂改、刮擦、挖补等行为

914101023576685691
发票专用章

第二联发票联

三、任务描述

1. 根据所给资料审核原始凭证所反映的交易或事项是否合理、合法,同时审查原始凭证的内容是否完整,各项目填列是否齐全、正确,数字计算是否正确,以及大、小写金额是否相符等。

2. 对于业务真实但不符合要求的原始凭证,指明存在的问题,予以退回补正;对于不合法和不合理的原始凭证,指出其错误,拒绝接受办理。

四、实训准备

配备蓝(黑)笔、算盘或计算器。

五、实训资料

华美股份有限公司 2020 年 4 月份发生下列交易或事项:

1. 3 日,采购员王五赴北京出差,填写借款单一份,并经主管领导批准。见原始凭证 2-1。

原始凭证 2-1

借 款 单

2020 年 4 月 3 日

部　　门	供应科	借款事由:参加订货会
借款金额(人民币大写)贰仟元	现金付讫	￥:2 000.00
批准金额(人民币大写)贰仟元		￥:2 000.00
领导　　贺伟	财务主管　　王林	借款人:

2. 8 日,加工车间张三领用圆钢 4 000 千克,单价 10 元/千克,领用角钢 3 000 千克,单价 5 元/千克,用于生产 A 产品,填写领料单。见原始凭证 2-2。

原始凭证 2-2

领 料 单

领料单位:基本生产车间　　　　　　　　　　　　　　　　　编号:18
用　　途:　　　　　　　　　2020 年 4 月 8 日　　　　　　　仓库:1 库

材料类别	材料编号	材料名称及规格	计量单位	数量 请领	数量 实领	单价	金额(元)
主要材料		圆钢	千克	4 000	4 000	10.00	40 000.00
		角钢	千克	3 000	3 000	5.00	15 000.00
合计							55 000.00

记账:李华　　　　　发料:王立　　　　　　领料部门负责人:　　　　　领料:张三

第二联　记账联

3. 9 日,销售甲产品 500 件,单价 200 元/件;乙产品 500 件,单价 100 元/件,开出增值税专用发票一份,并将发票联交与立达股份有限公司,同时收到立达股份有限公司签发的转账支票一张,尚未送存银行。填制增值税专用发票,并且收取转账支票。见原始凭证 2-3-1 至原始凭证 2-3-2。

原始凭证 2-3-1

江西增值税专用发票									

3600143768 | 江西增值税专用发票 | № **09576854** | 3600143768
此联不作报销、扣税凭证使用 | | 09576854

开票日期:2020 年 04 月 9 日

购货方	名 称:	立达股份有限公司				密码区	66/－3947/－>59＊＜818＜41＊＊－0> ＜61＞＊7>/0/433>2＊3－0＋672<7＊36 00143768 5＋－<<51＋41＋>＊>58＊8460 09576854 190012<42＋＊31/58>>81	
	纳税人识别号:	913601040862125617					
	地址、电话:	南昌市莲花路 67 号 86881952					
	开户行及账号:	工商银行南昌莲花路支行9210419					

货物或应税劳务、服务名称	规格型号	单位	数量	单价	金额	税率	税额
甲产品			500	200	100 000.00	13%	13 000.00
乙产品			100	500	50 000.00	13%	6 500.00
合 计					150 000.00		19 500.00

价税合计(大写)	⊗壹拾陆万玖仟伍百元整	(小写)￥:169 500.00

销货方	名 称:	华美股份有限公司	备注	华美股份有限公司 913601045679 24326A 发票专用章
	纳税人识别号:	913601045679 24326A		
	地址、电话:	南昌市中山路 22 号 0791－85800688		
	开户行及账号:	工商银行南昌中山路支行 4621011279		

收款人:车千　　　复核:魏东　　　开票人:蒋民　　　销货单位(章)

第一联:记账联 销货方记账凭证

原始凭证 2-3-2

中国工商银行 转账支票	**10633879**
	34838971

出票日期(大写)贰零贰零年零肆月玖日　　　付款行名称:工商银行莲花路支行
收款人:华美股份有限公司　　　出票人账号:9210419

付款期限自出票之日起十天

人民币 (大写)壹拾陆万玖仟伍百元整	亿	千	百	十	万	千	百	十	元	角	分
			￥	1	6	9	5	0	0	0	0

用途购货款
上列款项请从
我账户内支付
出票人签章

财务专用章

密码 _____
行号 _____

李强印章

复核　　　　记账

4. 10 日,签发现金支票一张,金额 38 000 元,从银行提取现金以备发工资。见原始凭证 2-4。

原始凭证 2－4

中国工商银行 现金支票存根 **10486795** 23706458		付款期限自出票之日起十天	㉕ 中国工商银行　现金支票　**10486795** 23706458

中国工商银行 现金支票 **10486795** 23706458

出票日期(大写)贰零贰零年零肆月壹拾日　付款行名称:工商银行中山路支行
收款人:华美股份有限公司　　　　出票人账号:4621011279

附加信息
_____
_____
出票日期 2020 年 4 月 10 日

收款人:

金　额:¥38 000.00
用　途:发工资

单位主管　　　会计

人民币 (大写)	叁万捌仟元整	亿	千	百	十	万	千	百	十	元	角	分
				¥	3	8	0	0	0	0	0	0

用途　发工资　　　密码 _____
上列款项请从　　　行号 _____
我账户内支付
出票人签章

财务专用章　　　张林印章　　　复核　　记账

5. 18 日,办公室职员张明拿来发票一张,报销购买笔记本、钢笔等办公用品费用。见原始凭证 2－5。

原始凭证 2－5

江西通用手工发票　　　发票代号:1360002545789
发国家税务总局　　　　发票号码:03265978
江西省税务局

付款单位:兴达收购站　　　　　　　　　2020 年 4 月 18 日

项目内容	金　额					备　注
	百	十	元	角	分	
笔记本	1	2	0	0	0	
钢笔	1	6	5	6	0	笔记本 20 本 钢笔 12 支
合计人民币 (大写)　二百捌拾伍元陆角整	2	8	5	6	0	

收款方名称
收款单位税号:　91360102781436789　　　开票人:杜文
业务专用章

第二联　发票联

6. 18 日,采购员李耀出差回来报销差旅费,按该公司财务制度的规定,公差住勤标准为每人每日 200 元,出差补助标准为省内每人每日 60 元,省外为每人每日 100 元,夜间乘车每晚补助 50 元,市内交通费每人每日 10 元,审核相关的差旅费报销单是否符合规定。见原始凭证 2－6。

原始凭证 2－6

差旅费报销单

2020 年 4 月 18 日

部门:供销科

出差人				李耀				职务	采购员	出差事由		采购		
出发				到达				交通工具	交通费		出差补贴		其他费用	
月	日	时	地点	月	日	时	地点		单据	金额	天数	金额	项目	单据	金额

月	日	时	地点	月	日	时	地点		单据	金额	天数	金额	项目	单据	金额
2	5	20	南昌	2	6	08	北京	火车	1	317.5	2	200	住宿费	1	480
2	8	20	北京	2	9	08	南昌	火车	1	317.5	2	200	市内车费	20	180
													非卧补贴		
													邮电费	4	80
合计									635			400	办公用品	包	1 600
报销金额				人民币(大写)叁仟叁佰柒拾伍元整								预借旅费:		3 375.00	
												补领金额:		375.00	
												退还金额:			

主管:　　　　　　审核:　　　　　　会计:　　　　　　报领人:

7.26 日,业务员持票报销办公用品费。见原始凭证 2－7。

原始凭证 2－7

江西增值税电子普通发票

发票代码:036001600111
发票号码:16264882
开票日期:2020 年 04 月 26 日
校 验 码:54362 01190 00102

机器编码:661817671771

购货方	名　　　称:华美股份有限公司 纳税人识别号:913601045679243 26A 地 址 、电 话:江西省南昌市中山路22号 0791－85800688 开户行及账号:工行南昌中山路支行 4621011279	密码区	26963＋1/－＞59＊＜818＜9 ＊＊－0＞ ＜61＞＊7)/433＞2 3－0＋672＜7＞2 322 012162 1＋＜＜51＋41＋＞＊58＊84－－01 3237120 1/6612348737＜5963＞4 8/59＞＞99

货物或应税劳务、服务名称	规格型号	单位	数量	单价	金额	税率	税额
办公用品		本	20	10.00	￥200.00	13%	26.00
合　计							

价税合计(大写)	⊗贰百贰拾陆元整			(小写)　￥226.00

销货方	名　　　称:南昌市百货大楼股份有限公司 纳税人识别号:913601001583616740 地 址 、电 话:江西省南昌市东湖区中山路1 号 0791－86222492 开户行及账号:工行南昌胜利路支行 15022070234 76150674	备注	南昌百货大楼股份有限公司 913601001583616740 发票专用章

收款人:白月　　　复核:李亮　　　开票人:水一心　　　销货单位:(章)

8. 27日,采购员李兴准备于4月28日出公差,预借差旅费1 500元。见原始凭证2-8。

原始凭证2-8

借 款 单

2020年4月27日

部　　门	李兴 现金付讫		借款事由	联系业务	
借款金额	金额(大写)壹仟伍佰元整			¥:1 500.00	
批准金额	金额(大写)壹仟伍佰元整			¥:1 500.00	
领导	贺伟	部门负责人	王立	财务主管	借款人 李兴

9. 28日,业务员黎志强持发票报销。见原始凭证2-9。

原始凭证2-9

3600103627　　江西增值税普通发票　　No 00567342　　360010362
　　　　　　　　　　　　　　　　　　　　　　　　　　　　　00567342

机器编码:499918432523　　　　　　　　　　开票日期:2020年04月28日

购货方	名　　　称:华美股份有限公司 纳税人识别号: 地　址、电　话: 开户行及账号:	密码区	67/-3047/->59*<818<9**-0> <61*7>/433>2*3-0+672<7 3220 121620 1+<<51+41+>*58*84 013 2 3712 7658006<56+*31/59>>45

货物或应税劳务、服务名称	规格型号	单位	数量	单价	金额	税率	税额
餐费					600.00	3%	18.00
合　　计					¥600.00		¥18.00

价税合计 (大写)	⊗陆百壹拾捌元整	(小写)¥618.00

销货方	名　　　称:仁和酒楼 纳税人识别号:913601000632968790 地址、电话:南昌市八一大道6号　0791-28950055 开户行及账号:工行南昌市八一路支行　79300007645	备注	校验码04110 05478 32564 06761

第二联:发票联 购货方记账凭证

实训三　记账凭证的填制

一、能力目标

1. 能够正确区别企业经济业务事项所涉及的会计要素和会计科目。
2. 能够正确运用借贷记账法。
3. 能够根据经济业务或事项填制专用记账凭证、通用记账凭证。

二、实训示例

收 款 凭 证

借方科目:银行存款　　　　　　　2020 年 4 月 8 日　　　　　　　　银收字 6 号

摘　要	贷方科目		金　额									记账
	总账科目	明细科目	千	百	十	万	千	百	十	元	角	分	
销售产品	主营业务收入	甲产品				1	0	0	0	0	0	0	√
	应交税费	应交增值税					1	3	0	0	0	0	√
合　计					￥	1	1	3	0	0	0	0	

会计主管:张三　　　记账:李四　　　稽核:王五　　　出纳:赵明　　　制单:钱二

附件 2 张

三、任务描述

根据所给原始凭证,填制各种专用记账凭证、通用记账凭证。

四、实训准备

1. 配备蓝(黑)笔、算盘或计算器。
2. 准备收款凭证、付款凭证、转账凭证(或通用记账凭证)各若干张。

五、实训资料

1. **企业概况:**

单位名称:海达有限责任公司　　法人代表:李华

地址:南昌市沿江大道 189 号　　电话:0791 - 87696888

开户银行:工行城南支行　　账号:092124357689(工资账号:092124357989)

统一社会信用代码:913601023567712342,增值税一般纳税人

会计主管:彭红   会计:张义

出纳:杨丽   审核:郑涛

2. 2019 年 12 月份发生下列经济业务及会计事项:

(1) 1 日,从南昌市中原贸易公司购入甲材料 500 千克,每千克 6 元;乙材料 1 500 千克,每千克 3 元,增值税税额 975 元,货款以银行存款支付,材料验收入库。见原始凭证 3-1-1 至原始凭证 3-1-4。

(2) 3 日,以银行存款支付上月应缴纳的增值税 3 400 元,城建税 238 元,教育费附加 102 元。见原始凭证 3-2-1 至原始凭证 3-2-2。

(3) 7 日,以银行存款支付产品广告费 4 000 元,增值税 240 元。见原始凭证 3-3-1 至原始凭证 3-3-3。

(4) 9 日,开出转账支票 30 000 元,发放本月职工工资。见原始凭证 3-4-1 至原始凭证 3-4-3。

(5) 9 日,以银行存款支付养老保险费 4 800 元、医疗保险费 1 800 元。见原始凭证 3-5-1、原始凭证 3-5-2。

(6) 12 日,收到宏远公司支付前欠货款 4 000 元,收到海星工厂支付前欠货款 2 700 元,存入银行。见原始凭证 3-6-1、原始凭证 3-6-2。

(7) 16 日,生产 A 产品领用甲材料 2 000 千克,每千克 6 元,乙材料 1 000 千克,每千克 3 元;生产 B 产品耗用甲材料 2 000 千克,每千克 6 元,耗用乙材料 1 000 千克,每千克 3 元。见原始凭证 3-7-1、原始凭证 3-7-2。

(8) 17 日,以银行存款支付厂部办公设备维修费 1 160 元,增值税 150.80 元。见原始凭证 3-8-1 至 3-8-3。

(9) 23 日,向广华股份有限公司销售 A 产品 500 件,每件售价 70 元,货款 35 000 元,应交增值税为 4 550 元,货款尚未收到。见原始凭证 3-9-1。

(10) 31 日,分配本月应付职工工资 30 000 元,其中,A 产品生产工人工资 5 000 元,B 产品生产工人工资 15 000,车间管理人员工资 6 000 元,厂部管理人员工资 4 000 元。见原始凭证 3-10。

(11) 31 日,按职工工资总额的 16% 计提养老保险费,职工工资总额的 6% 计提医疗保险费。见原始凭证 3-11-1、原始凭证 3-11-2。

(12) 31 日,计提本月固定资产折旧费 7 000 元,其中,生产车间固定资产折旧 6 160 元,行政管理部门固定资产折旧 840 元。见原始凭证 3-12。

(13) 31 日,结转本月制造费用。见原始凭证 3-13。

(14) 31 日,本月 A 产品 1 000 件,B 产品 1 000 件,已全部完工,验收入库,结转完工产品成本。见原始凭证 3-14-1、原始凭证 3-14-2。

(15) 31 日,结转本月已售 A 产品成本(已售 500 件,单位成本 22.8 元)。见原始凭证 3-15-1、原始凭证 13-5-2。

(16) 31 日,预提本月短期借款利息 200 元。见原始凭证 3-16。

(17) 31 日,计算本月应交城市维护建设税及教育费附加。见原始凭证 3-17。

(18) 31 日,将本月"主营业务收入"账户的余额结转到"本年利润"账户的贷方;将"主营

业务成本""税金及附加""销售费用""管理费用""财务费用"账户的余额结转到"本年利润"账户的借方。见原始凭证 3 - 18。

（19）31 日,按本月利润总额的 25% 计算应交所得税。见原始凭证 3 - 19。

（20）31 日,将本年实现的净利润转入"利润分配——未分配利润"账户（1—11 月份的净利润为 33 600 元）。无原始凭证。

（21）31 日,按本年税后利润的 10% 提取法定盈余公积。见原始凭证 3 - 21。

（22）31 日,按本年税后利润的 30% 计算应付给投资者的利润。见原始凭证 3 - 22。

（23）31 日,将"利润分配"账户各明细账户的余额转入"利润分配——未分配利润"明细账户。见原始凭证 3 - 23。

原始凭证 3-1-1

中国工商银行
转账支票存根
10203587

00527432

附加信息

出票日期　2019 年 12 月 1 日

收款人:南昌市中原贸易公司
金　额:¥8 475.00
用　途:支付购料款
备　注:

单位主管 彭红　　会计 张义

原始凭证 3-1-2

3600053420　江西增值税专用发票　№ **01567859**　3600053420

01567859

国家税务总局监制
发　票　联

开票日期:2019 年 12 月 01 日

购货方	名　称:海达有限责任公司 纳税人识别号:913601023567712342 地　址、电话:南昌市沿江大道189号 0791-87696888 开户行及账号:工行南昌城南支行　092124357689	密码区	06/-3947/->59＊<818<41＊＊-0> <61>＊7>/0/433>2＊3-0+672<7＊ 36 00053620 5+-<<51+41+>＊>58＊8460 01567859 190012<42＊＊31/58>>81
货物或应税劳务、服务名称	规格型号	单位	数量	单价	金额	税率	税额
甲材料		千克	500	6.00	3 000.00	13%	390.00
乙材料		千克	1 500	3.00	4 500.00	13%	585.00
合　计					¥ 7 500.00		¥ 975.00
价税合计 （大写）		⊗捌仟肆佰柒拾伍元整				(小写)¥ 8 475.00	
销货方	名　称:南昌市中原贸易公司 纳税人识别号:913601027788999001 地　址、电话:南昌市子固路2号 0791-83444555 开户行及账号:工行南昌子固路支行 654343334566	备注	南昌市中原贸易公司 913601027788999001 发票专用章

第三联:发票联　购货方记账凭证

收款人:张芝　　复核:王桂花　　开票人:李鸣　　销货单位:(章)

原始凭证 3－1－3

收料单

供应单位:南昌市中原贸易公司　　　　　　　　　　　　　　　　　编号:

发票号:　　　　　　　　　　2019 年 12 月 1 日　　　　　　　　　仓库:　　　元

材料类别	材料名称	规格	数量		计量单位	单价	发票金额	运杂费	合　计							
			应收	实收					十	万	千	百	十	元	角	分
	甲材料		500	500	千克	6	3 000				3	0	0	0	0	0
	乙材料		1 500	1 500	千克	3	4 500				4	5	0	0	0	0
合　　　计										¥	7	5	0	0	0	0
备注																

材料会计:华英　　　　　　验收人:周涛　　　　　　交料人:王强　　　　　　保管员:王红

第二联　记账联

原始凭证 3－1－4

ICBC 🏦 中国工商银行　　　　　　　　　　进账单(回　单)　1

2019 年 12 月 日

出票人	全　　称	海达有限责任公司	收款人	全　　称	南昌市中原贸易公司											
	账　　号	092124357689		账　　号	654343334566											
	开户银行	工行南昌城南支行		开户银行	工行南昌子固路支行											
金额	人民币(大写)	捌仟肆佰柒拾伍元整			亿	千	百	十	万	千	百	十	元	角	分
									¥	8	4	7	5	0	0
票据种类	转账支票	票据张数	1													
票据号码	00527432															
		复核　　记账		2019.12.31 核算用章(02) 开户银行签章　(章)												

此联是开户银行交给持(出)票人的回单

原始凭证 3-2-1

中国工商银行电子缴税付款凭证

转账日期:2019 年 12 月 03 日 　　　　　　　　　　　　　　　　凭证字号:20191204025131

纳税人全称及纳税人识别号:海达有限责任公司 913601023567712342

付款人全称:海达有限责任公司

付款人账号:092124357689　　　　　　　　征收机关名称:南昌市国家税务局城南分局

付款人开户银行:工行南昌城南支行　　　　收款国库(银行)名称:国家金库南昌市城南支库

小写(合计)金额:¥3 400.00　　　　　　　缴款书交易流水号:31762441

大写(合计)金额:叁仟肆佰元整　　　　　　税票号码:3201612030000025893

税(费)种名称	所属日期	实缴金额
增值税	20191101-20191130	¥3 400.00

2019.12.03
转讫 (01)

　　　　第二联　作付款回单(无银行收讫章无效)　　　　　　复核　　　记账

原始凭证 3-2-2

中国工商银行电子缴税付款凭证

转账日期:2019 年 12 月 03 日 　　　　　　　　　　　　　　　　凭证字号:201912040215801

纳税人全称及纳税人识别号:海达有限责任公司 913601023567712342

付款人全称:海达有限责任公司

付款人账号:092124357689　　　　　　　　征收机关名称:南昌市地方税务局城南分局

付款人开户银行:工行南昌城南支行　　　　收款国库(银行)名称:国家金库南昌市城南支库

小写(合计)金额:¥340.00　　　　　　　　缴款书交易流水号:29795234

大写(合计)金额:叁佰肆拾元整　　　　　　税票号码:3201612030000023754

税(费)种名称	所属日期	实缴金额
城市维护建设税	20191101-20191130	¥238.00
教育费附加	20191101-20191130	¥102.00

2019.12.03
转讫 (01)

　　　　第二联　作付款回单(无银行收讫章无效)　　　　　　复核　　　记账

原始凭证 3-3-1

中国工商银行
转账支票存根
10203587
00527433

附加信息 _____

_____

出票日期　2019 年 12 月 7 日

收款人:创新广告公司
金　　额:￥4 240.00
用　　途:广告费
备　　注:

单位主管　彭红　　　　　会计　张义

原始凭证 3-3-2

ICBC　中国工商银行　　　　进账单(回　　单)　**1**

2019 年 12 月 7 日

出票人	全　称	海达有限责任公司	收款人	全　称	南昌市创新广告公司									
	账　号	092124357689		账　号	79190450006									
	开户银行	工行南昌城南支行		开户银行	工行南昌北京东路支行									

金额	人民币(大写)	肆仟贰佰肆拾元整	亿	千	百	十	万	千	百	十	元	角	分
								￥	4	2	4	0	0	0

票据种类	转账支票	票据张数	1
票据号码	00527433		

2019.12.07
转讫(01)

复核　　　记账　　　　　　　开户银行签章　(章)

此联是开户银行交给持(出)票人的回单

原始凭证 3-3-3

3601025378

江西增值税专用发票　　No 01505326　3601025378

01505326

开票日期：2019 年 12 月 07 日

购货方	名　　称：海达有限责任公司 纳税人识别号：913601023567712342 地　址、电话：南昌市沿江大道189号 0791-87696888 开户行及账号：工行城南支行　092124357689	密码区	67/－3047/－＞59＊＜818＜9＊＊－0＞ ＜61＞＊7＞/433＞2＊3－0＋672＜7 3220 121620 1＋＜＜51＋41＋＞＊＞58＊84 013 2 3712 7658006＜56＋＊31/59＞＞45

货物或应税劳务、服务名称	规格型号	单位	数量	单价	金额	税率	税额
广告费					4 000.00	6%	240.00
合　计					￥4 000.00		￥240.00

价税合计 （大写）	⊗肆仟贰佰肆拾元整	（小写）￥4 240.00

销货方	名　　称：南昌市创新广告公司 纳税人识别号：913601025948231172 地　址、电话：南昌市北京东路 209 号　0791-86257655 开户行及账号：工行南昌市北京东路支行　79190450006	备注	南昌市创新广告公司 913601025948231172 发票专用章

收款人：吴勇　　　　复核：赵亮　　　　开票人：李寰　　　　销货单位：（章）

第三联：发票联　购货方记账凭证

原始凭证 3-4-1

中国工商银行
转账支票存根
10203587
00527434

附加信息
＿＿＿＿＿＿＿＿＿＿＿

出票日期	2019 年 12 月 09 日
收款人：海达有限责任公司	
金　额：￥30 000.00	
用　途：发工资	
备　注：	

单位主管 彭红　　　　会计 张义

原始凭证 3－4－2

ICBC	中国工商银行		进账单（回　单）	**1**

2019 年 12 月 9 日

出票人	全　称	海达有限责任公司	收款人	全　称	海达有限责任公司
	账　号	092124357689		账　号	092124357989
	开户银行	工行南昌城南支行		开户银行	工行南昌城南支行

金额	人民币（大写）叁万元整	亿	千	百	十	万	千	百	十	元	角	分
					¥	3	0	0	0	0	0	0

票据种类	转账支票	票据张数	1
票据号码	00527434		

复核　　　记账

2019.12.09

核算用章（01）

开户银行签章　（章）

此联是开户银行交给持（出）票人的回单

原始凭证 3－4－3

工资结算汇总表

2019 年 12 月 09 日

元

部门	人员类别	职工人数	基本工资	经常性奖金	津贴和补贴			应扣工资		应付工资	代扣款项				实发工资
					物价补贴	夜班补贴	住房补贴	病假	事假		水电费	房租费	保险费	小计	
生产车间	生产人员		15 000	3 400	400	600	600			20 000					20 000
	管理人员		4 000	1 200	300	400	100			6 000					6 000
	小计		19 000	4 600	700	1 000	700			26 000					26 000
企业管理人员			3 000	350	250	300	100			4 000					4 000
合　计			22 000	4 950	950	1 300	800			30 000					30 000

劳资主管:华英　　　审核:郑涛　　　核算:张红　　　制表:李四　　　会计主管:彭红

原始凭证 3-5-1

ICBC 🏦 中国工商银行

网上银行转账凭证(付账通知)

记账日期:2019-12-09	检:201912091256

付款人户名:海达有限责任公司　　　　　　　　　　付款人账号:092124357689
收款人户名:南昌市社会保险管理中心　　　　　　　收款人账号:188066018110051090

金额:人民币(大写)陆仟陆佰元整　　　　　　　　　￥6 600.00

付款行行名:工行南昌城南支行
收款行行名:江西银行子固路支行
用途:　社会保险费

卡号:
银行验证码　　　　463478902006
地区号:1502　　　网点号:1502211

打印时间:2019-12-09　　　16:02
打印方式:柜面打印　　　　　已打印次数 1 次
授权柜员号:　　　　　　　　设备编号:D0123456

（印章：中国工商银行股份有限公司南昌城南支行　2019.12.09　核算用章（02））

原始凭证 3-5-2

江西省社会保险费缴款专用收据

2019 年 12 月 09 日　　　　　　　　(2019)NO:00885518

收款人	全　称	南昌市社会保险管理中心	缴款人	全　称	海达有限责任公司
	账　号	188066018110051090		个人编号	
	开户银行	江西银行子固路支行		姓　名	

金额(大写)	人民币	陆仟陆佰元整		￥6 600.00

款项内容	缴费起止时间 2019 年 11 月起至 2019 年 11 月止			
	本　金	滞纳金	利息	备注:
企业基本养老保险	4 800.00	0.00	0.00	
基本医疗保险	1 800.00	0.00	0.00	

单位盖章:　　　　　　　　　　　　　　　　　　　　业务员:

（印章：南昌市社会保险管理中心　收费专用章）

第二联:收据

原始凭证 3-6-1

ICBC　中国工商银行　　　　　　进账单（收账通知）　**3**

2019 年 12 月 12 日

出票人	全　称	宏远公司	收款人	全　称	海达有限责任公司
	账　号	052124357619		账　号	092124357689
	开户银行	工行海口支行		开户银行	工行城南支行

金额	人民币（大写）	肆仟元整	亿	千	百	十	万	千	百	十	元	角	分
								¥	4	0	0	0	0	0

票据种类	转账支票	票据张数	1
票据号码	00894265		

中国工商银行股份有限公司南昌城南支行

2019.12.12

转讫（01）

复核　　记账　　　　　开户银行签章　（章）

此联是收款人开户银行交给收款人的收款通知

原始凭证 3-6-2

ICBC　中国工商银行　　　　　　进账单（收账通知）　**3**

2019 年 12 月 12 日

出票人	全　称	海星工厂	收款人	全　称	海达有限责任公司
	账　号	4577889987		账　号	092124357689
	开户银行	工行中山支行城西分理处		开户银行	工行城南支行

金额	人民币（大写）	贰仟柒佰元整	亿	千	百	十	万	千	百	十	元	角	分
								¥	2	7	0	0	0	0

票据种类	转账支票	票据张数	1
票据号码	07294256		

中国工商银行股份有限公司南昌城南支行

2019.12.12

转讫（01）

复核　　记账　　　　　开户银行签章　（章）

此联是收款人开户银行交给收款人的收款通知

原始凭证 3－7－1

领 料 单

领料单位:生产部门 编号:18023

用途:生产 A 产品 2019 年 12 月 16 日 仓库: 元

| 材料类别 | 材料编号 | 材料名称及规格 | 计量单位 | 数量 | | 单价 | 金额 |
				请领	实领		
主要材料		甲材料	千克	2 000	2 000	6.00	12 000.00
		乙材料	千克	1 000	1 000	3.00	3 000.00
合 计				3 000	3 000		15 000.00

记账:王平 发料:周涛 领料部门负责人:刘纳 领料:刘立

第二联 记账联

原始凭证 3－7－2

领 料 单

领料单位:生产部门 编号:18024

用途:生产 B 产品 2019 年 12 月 16 日 仓库: 元

| 材料类别 | 材料编号 | 材料名称及规格 | 计量单位 | 数量 | | 单价 | 金额 |
				请领	实领		
主要材料		甲材料		2 000	2 000	6.00	12 000.00
		乙材料		1 000	1 000	3.00	3 000.00
合 计				3 000	3 000		15 000.00

记账:王平 发料:周涛 领料部门负责人:刘纳 领料:刘立

第二联 记账联

原始凭证 3－8－1

中国工商银行

转账支票存根

10203587

00527437

附加信息

＿＿＿＿＿＿＿＿＿＿＿

出票日期 2019 年 12 月 17 日

收款人:光华机床厂
金 额:￥1 310.80
用 途:厂部办公设备维修费
备 注:

单位主管 彭红 会计 张义

原始凭证 3-8-2

ICBC 中国工商银行				进账单(回 单) 1										

2012 年 12 月 17 日

出票人	全 称	海达有限责任公司	收款人	全 称	光华机床厂									
	账 号	092124357689		账 号	23476150674									
	开户银行	工行南昌城南支行		开户银行	工行南昌南京东路支行									

金额	人民币(大写)	壹仟叁仟壹拾元捌角整	亿	千	百	十	万	千	百	十	元	角	分
							¥	1	3	1	0	8	0

票据种类	转账支票	票据张数	1
票据号码	00527437		

复核　　记账　　　　　　开户银行签章　（章）

2019.12.17
转讫(01)

此联是开户银行交给持(出)票人的回单

原始凭证 3-8-3

3601025948　江西增值税专用发票　No 1705421　3601025948
1705421

开票日期:2019 年 12 月 17 日

购货方	名　称:海达有限责任公司 纳税人识别号:913601023567712342 地　址、电话:南昌市沿江大道189号0791-87696888 开户行及账号:工行南昌城南支行　092124357689	密码区	67/-3047/->59＊<818<9 ＊＊-0> <61＊7>/433>2＊3-0+672<7 3220 121620 1+<<51+41+>＊58＊84 013 23712 7658006<56＋＊31/59>>45

货物或应税劳务、服务名称	规格型号	单位	数量	单价	金额	税率	税额
修理费					1 160.00	13%	150.80
合　计					¥1 160.00		¥150.80

价税合计（大写）	⊗壹仟叁佰壹拾元捌角整	（小写）¥1 310.80

销货方	名　称:光华机床厂 纳税人识别号:913601025948278921 地址、电话:南昌市南京东路579号　0791-86053234 开户行及账号:工行南昌市南京东路支行　23476150674	备注

913601025948278972
发票专用章

第三联:发票联　购货方记账凭证

收款人:白月　　复核:李亮　　　开票人:水一心　　　销货单位:(章)

原始凭证 3 - 9 - 1

| 3600053670 | 江西增值税专用发票 | No **01567859** | 3600053670 |
| | 此联不作报销、扣税凭证使用 | | 01567859 |

开票日期:2019 年 12 月 23 日

| 购货方 | 名 称:广华股份有限公司
纳税人识别号:913601033718983418
地址、电话:南昌市滨江大道788号0791-86696734
开户行及账号:工行南昌滨江路支行 12055660000 | 密码区 | 06/－3947/－>59＊<818<41 ＊＊－0>
<61>＊7>/0/433>2＊3－0＋672<7＊36
00053620 5＋－<<51＋41＋>＊>58＊8460
01567859 190012<42＋＊31/58>>81 |

货物或应税劳务、服务名称	规格型号	单位	数量	单价	金额	税率	税额
A产品		件	500	70.00	35 000.00	13%	4 550.00
合 计					￥35 000.00		￥4 550.00

| 价税合计（大写） | ⊗叁万玖仟伍佰伍拾元整 | (小写)￥39 550.00 |

| 销货方 | 名 称:海达有限责任公司
纳税人识别号:913601023567712342
地址、电话:南昌市沿江大道189号
　　　　　0791-87696888
开户行及账号:工行南昌城南支行 092124357689 | 备注 | 海达有限责任公司
913601023567712342
发票专用章 |

| 收款人:杨丽 | 复核:郑涛 | 开票人:李鸣 | 销货单位:(章) |

第一联：记账联 销货方记账凭证

原始凭证 3 - 10

工资费用分配汇总表

2019 年 12 月 31 日

元

部 门		应分配金额
车 间	A产品工人	5 000.00
	B产品工人	15 000.00
	管理人员	6 000.00
厂部管理人员		4 000.00
合 计		30 000.00

| 会计主管:彭红 | 审核:郑涛 | 制单:张义 |

原始凭证 3-11-1

养老保险费计提表

2019 年 12 月 31 日　　　　　　　　　　　　　　　　　　元

部　门		工资总额	计提比例（%）	计提金额
车间	A 产品工人	5 000.00	16	800.00
	B 产品工人	15 000.00	16	2 400.00
	管理人员	6 000.00	16	960.00
	小　计	26 000.00	16	4 160.00
厂部管理人员		4 000.00	16	640.00
合　计		30 000.00		4 800.00

原始凭证 3-11-2

医疗保险费计提表

2019 年 12 月 31 日　　　　　　　　　　　　　　　　　　元

部　门		工资总额	计提比例（%）	计提金额
车间	A 产品工人	5 000.00	6	300.00
	B 产品工人	15 000.00	6	900.00
	管理人员	6 000.00	6	360.00
	小　计	26 000.00	6	1 560.00
厂部管理人员		4 000.00	6	240.00
合　计		30 000.00		1 800.00

原始凭证 3-12

固定资产折旧计算表

2019 年 12 月 31 日　　　　　　　　　　　　　　　　　　元

使用部门	月初固定资产原值	月折旧率（%）	月折旧额
车间	略	略	6 160.00
厂部	略	略	840.00
合　计			7 000.00

会计主管：彭红　　　　　　　　审核：郑涛　　　　　　　　制单：张义

原始凭证 3 - 13

制造费用分配表

2019 年 12 月 31 日　　　　　　　　　　　　　　　　　　　　　　　　元

产品名称	生产工人工资	分配率	分配金额
A 产品	5 000.00		
B 产品	15 000.00		
合　计	20 000.00		

会计主管:彭红　　　　　　　　审核:郑涛　　　　　　　　制表:张义

原始凭证 3 - 14 - 1

产品入库单

(记账联)

NO 34563

生产部门:　　　　　　　　　　2019 年 12 月 31 日　　　　　　　　　　　元

编号	产品名称	规格	计量单位	检验结果		数　量		单位成本	总成本
				合格	不合格	应收	实收		
	A 产品		件	1 000		1 000	1 000		
	B 产品		件	1 000		1 000	1 000		
合　计									

主管:李林　　　　　　记账:张林　　　　　仓库保管:王红　　　　质量检测:唐云

原始凭证 3 - 14 - 2

完工产品成本计算单

2019 年 12 月 31 日　　　　　　　　　　　　　　　　　　　　　　　　元

成本项目	A 产品(1 000 件)		B 产品(1 000 件)	
	总成本	单位成本	总成本	单位成本
直接材料				
直接人工				
制造费用				
合　计				

主管:彭红　　　　　　　　审核:郑涛　　　　　　　　制表人:张义

原始凭证 3－15－1

已销产品成本计算表

2019 年 12 月 31 日　　　　　　　　　　　　　　　　　　　　　　　元

产品名称	计量单位	数　量	单位成本	金　额
A 产品	件	500	22.8	11 400.00
合　计		500		11 400.00

会计主管:彭红　　　　　　　审核:郑涛　　　　　　　制单:张义

原始凭证 3－15－2

产品出库单

收货单位:广华股份有限公司　　　　2019 年 12 月 23 日　　　　　　　　元

产品名称	计量单位	数　量	单　价	金　额
A 产品	件	500	22.8	11 400.00
合　计		500		11 400.00

主管:李林　　　　　　　审核:郑涛　　　　　　　制单人:王红

原始凭证 3－16

借款利息计算表

2019 年 12 月 31 日　　　　　　　　　　　　　　　　　　　　　　　元

用　途	借款本金	借款年利率(%)	借款月利息
生产经营	40 000.00	6	200.00
合　计	40 000.00		200.00

主管:彭红　　　　　　　审核:郑涛　　　　　　　制单:张义

原始凭证 3－17

应交税费计算表

单位名称:海达有限责任公司　　　　2019 年 12 月 31 日　　　　　　　　元

税种、税目	计税依据		适用税率(%)	应交税金
	项目	金额		
城市维护建设税	增值税			
教育费附加	增值税			
合　计				

会计主管:彭红　　　　复核:郑涛　　　　记账:张义　　　　制单:张义

原始凭证 3－18

利润总额计算表

2019 年 12 月 31 日

元

账户名称	本月发生额	
	借方发生额	贷方发生额
主营业务收入		
主营业务成本		
税金及附加		
销售费用		
管理费用		
财务费用		
合　计		

会计主管:彭红　　　　复核:郑涛　　　　记账:张义　　　　制单:张义

原始凭证 3－19

应交税费计算表

单位名称:海达有限责任公司　　　　2019 年 12 月 31 日

元

税种、税目	计税依据		适用税率(%)	应交税金
	项目	金额		
所得税	纳税所得额		25	
合　计				

会计主管:彭红　　　　复核:郑涛　　　　记账:张义　　　　制单:张义

原始凭证 3－20

盈余公积计提表

单位名称:海达有限责任公司　　　　2019 年 12 月 31 日

元

项　目	计算依据	金　额	适用比例(%)	计提金额
法定盈余公积	净利润		10	
合　计				

会计主管:彭红　　　　复核:郑涛　　　　记账:张义　　　　制单:张义

原始凭证 3－21

应付利润计算表

单位名称:海达有限责任公司　　　　2019 年 12 月 31 日　　　　　　　　　　　元

项　目	计算依据		适用比例(%)	应付金额
	项　目	金额		
应付现金股利或利润	净利润		30	
合　计				

会计主管:彭红　　　　　复核:郑涛　　　　　记账:张义　　　　　制单:张义

原始凭证 3－22

利润分配明细表

2019 年 12 月 31 日　　　　　　　　　　　元

项　目	金　额
计提盈余公积	
应付现金股利或利润	
合　计	

会计主管:彭红　　　　　复核:郑涛　　　　　记账:张义　　　　　制单:张义

实训四　记账凭证的审核

一、能力目标

1. 能发现记账凭证的错误。
2. 能填制正确的记账凭证。

二、实训示例

不完整，应补充完整

记 账 凭 证

2020 年 2 月 6 日

编号　号

摘　要	总账科目	明细科目	√	借方金额										贷方金额										
				千	百	十	万	千	百	十	元	角	分	千	百	十	万	千	百	十	元	角	分
车间领用材料	制造费用	一车间	√				1	2	0	0	0	0	0										
	原材料	甲材料	√														1	2	0	0	0	0	0
合　计						¥	1	2	0	0	0	0	0			¥	1	2	0	0	0	0	0

附件 1 张

会计主管：　　　记账：　　　复核：　　　　　出纳：　　　　制单：钱二

金额栏空行处未注销，应划线注销

签章不全，应补充完整

三、任务描述

根据记账凭证的填制要求和审核方法，对记账凭证进行审核，指出错误之处，并填制正确的记账凭证。

四、实训准备

1. 配备蓝（黑）笔、算盘或计算器。
2. 准备收款凭证、付款凭证、转账凭证各若干张。

五、实训资料

1. 南方股份公司 2020 年 4 月 20 日收到出借包装物押金 500 元。见凭证 4 - 1 - 1、凭证 4 - 1 - 2。

凭证 4-1-1

统一收款收据(三联单)

2020 年 4 月 20 日

NO. 23408

交款单位或交款人	南昌光华公司	收款方式	现 金
		备注:	

事　由　包装物押金

人民币(大写)伍佰元整　　　　　　　¥500.00

收款单位(章)　财务专用章

收款人(签章):李娟

第三联　记账依据

凭证 4-1-2

收 款 凭 证

借方科目:库存现金

2020 年 4 月 20 日

现收字 9 号

摘　要	贷方科目		金　额										记账
	总账科目	明细科目	千	百	十	万	千	百	十	元	角	分	
收取出借包装押金	其他业务收入							5	0	0	0	0	✓
合　计							¥	5	0	0	0	0	

附件 1 张

会计主管:张所　　　记账:王三　　　复核:李欣　　　出纳:赵娜　　　制单:刘峰

2. 南方股份有限公司 2020 年 4 月 23 日从银行提取现金 1 000 元整,以备零星开支。见凭证 4-2-1、凭证 4-2-2。

凭证 4-2-1

中国工商银行
现金支票存根
10503689
02027623

附加信息 _____

_____

出票日期　2020 年 4 月 23 日

收款人:南方股份有限公司
金　额:¥1 000.00
用　途:备用金
备　注:

单位主管 张所　　　会计 刘峰

凭证 4-2-2

付 款 凭 证

贷方科目:库存现金 2020 年 4 月 23 日 银付字 9 号

摘 要	借方科目		金 额									记账
	总账科目	明细科目	千	百	十	万	千	百	十	元	角	分	
提现备用	银行存款					1	0	0	0	0	0		√
合 计					¥	1	0	0	0	0	0	

附件 1 张

会计主管:张所　　　记账:王三　　　复核:李欣　　　出纳:李娟　　　制单:刘峰

3. 南方股份有限公司 2020 年 4 月 27 日偿还上月购料款。见凭证 4-3-1、凭证 4-3-2。

凭证 4-3-1

中国工商银行
转账支票存根

10503689

02027624

附加信息

出票日期　2020 年 4 月 27 日

收款人:光华股份有限公司
金　额:¥8 775.00
用　途:偿还购料款
备　注:

单位主管 张所　　　会计 刘峰

凭证 4-3-2

付 款 凭 证

贷方科目:银行存款　　　　　　　　2020 年 4 月 27 日　　　　　　　　银付字第 7 号

摘　要	借方科目		金　额									记账
	总账科目	明细科目	千	百	十	万	千	百	十	元	角	分	
偿还上月购料款	应付账款	光华公司					8	7	5	5	0	0	✓
合　计					¥		8	7	5	5	0	0	

会计主管:　　　　记账:　　　　复核:　　　　出纳:　　　　制单:

附件　张

4. 南方股份有限公司 2020 年 4 月 29 日二车间领用维修设备 A 材料 2 千克,单价 64 元/千克。见凭证 4-4-1、凭证 4-4-2。

凭证 4-4-1

领 料 单

领料单位:二车间　　　　　　　　　　　　　　　　　　　编号:18
用途:一般耗用　　　　　　　　2020 年 4 月 29 日　　　　　　仓库:　　元

材料类别	材料编号	材料名称及规格	计量单位	数　量		单价	金额
				请领	实领		
原材料			千克	2	2	64	128
合　计							128

记账:林丽　　　发料:华英　　　领料部门负责人:冯立　　　领料:王洪

第二联　记账联

凭证 4－4－2

转 账 凭 证

2020 年 4 月 29 日

字第 20 号

摘　要	总账科目	明细科目	借　方									贷　方									记账
			百	十	万	千	百	十	元	角	分	百	十	万	千	百	十	元	角	分	
车间维修设备领料	制造费用	一车间				1	2	8	0	0											
	原材料	A 材料													1	2	8	0	0	
合　计　（附件　张）					￥	1	2	8	0	0			￥	1	2	8	0	0		

会计主管：张所　　　复核：李欣　　　记账：王三　　　出纳：李娟　　　制单：刘峰

　　5. 30 日，采购员高路填写借款单，并经有关领导签字同意，预借差旅费 3 000 元，以现金支付借款单。见凭证 4－5－1、凭证 4－5－2。

凭证 4－5－1

借 款 单

2020 年 4 月 30 日

部　门	供应科		借款事由	采购材料
借款金额	金额(大写)叁仟元整	￥3 000.00	现金付讫	
批准金额	金额(大写)叁仟元整	￥3 000.00		
领导	周强	财务主管	张所	借款人　高路

凭证 4－5－2

付 款 凭 证

贷方科目：库存现金

2020 年 4 月 30 日

字第　号

摘　要	借方科目		金　额									记账
	总账科目	明细科目	千	百	十	万	千	百	十	元	角	分	
供应科高路采购材料借支	其他应收款	高路				1	0	0	0	0	0	√
合　计					￥	1	0	0	0	0	0	

附件 1 张

会计主管：　　　记账：　　　复核：　　　出纳：　　　制单：

实训五　账簿的登记

一、能力目标

1. 掌握会计账簿启用及总账、各种明细账、现金日记账和银行存款日记账的设置。

2. 熟练掌握根据记账凭证正确登记现金、银行存款日记账及总账和各种明细账的基本操作技能。

二、实训示例

现金日记账

2020年		凭证		摘要	借方									贷方									余额								
月	日	字	号		百	十	万	千	百	十	元	角	分	百	十	万	千	百	十	元	角	分	百	十	万	千	百	十	元	角	分
1	1			上年结转																					2	2	0	0	0	0
	2	现收	1	收到货款				6	0	0	0	0													2	8	0	0	0	0
	4	现付	1	出差借款													7	0	0	0	0				2	1	0	0	0	0
	5	现付	2	购办公用品													2	6	0	0	0				1	8	4	0	0	0
	6	银付	3	提现备用				2	0	0	0	0													3	8	4	0	0	0
	6	现付	3	付医药费													2	0	0	0	0				1	8	4	0	0	0
	8	银付	4	提现备发工资			3	8	0	0	0	0	0												3	9	8	4	0	0	0
	8	现付	4	发放工资												3	8	0	0	0	0	0			1	8	4	0	0	0
	31			本月合计			4	0	6	0	0	0	0			4	0	9	6	0	0	0			1	8	4	0	0	0

三、任务描述

1. 根据海达有限责任公司各账户资料建账。见表5-1、表5-2、表5-3。

2. 根据审核后的记账凭证(实训三)登记日记账、明细账和总账。

四、实训准备

1. 配备蓝(黑)笔、算盘或计算器。
2. 准备现金日记账、银行存款日记账、三栏式明细账、数量金额式明细账、总账账页若干张。

五、实训资料

1. 2019 年 12 月 1 日各总分类账的余额见表 5 - 1。

表 5 - 1

总账月初余额表

2019 年 12 月 1 日　　　　　　　　　　　　　　　　　　　　　元

账户名称	借方余额	账户名称	贷方余额
库存现金	1 000	累计折旧	10 000
银行存款	356 720	应付账款	25 600
应收账款	6 700	应交税费	4 000
其他应收款	4 500	应付职工薪酬	4 200
原材料	30 000	短期借款	40 000
库存商品	45 600	应付利息	1 000
固定资产	37 400	预收账款	7 800
		实收资本	260 000
		盈余公积	80 000
		本年利润	33 600
		利润分配	15 720
合　计	481 920	合　计	481 920

2. 2019 年 12 月 1 日,"原材料""库存商品"明细分类账账户余额见表 5 - 2。

表 5 - 2

数量金额式明细账月初结存情况表

2019 年 12 月 1 日　　　　　　　　　　　　　　　　　　　　　元

总账科目	品　名	计量单位	数　量	单　价	金　额
原材料	甲材料	千克	4 000	6.00	24 000
	乙材料	千克	2 000	3.00	6 000
库存商品	A 产品	件	2 000	22.80	45 600

3. 2019 年 12 月 1 日各应收及应付账户的明细分类账户的余额见表 5-3。

表 5-3

三栏式明细账月初余额

2019 年 12 月 1 日

元

总账科目	明细分类科目	借或贷	余　额
应收账款	宏远公司	借	4 000
	海星工厂	借	2 700
其他应收款	徐丽	借	2 500
	李俊	借	2 000
应付账款	星达公司	贷	25 600
应交税费	应交增值税	贷	3 400
	应交所得税	贷	260
	应交城建税	贷	238
	教育费附加	贷	102
预收账款	宏伟公司	贷	7 800

注:其他明细账可略去。

实训六　错账更正

一、能力目标

能够对不同类型的错账采用正确的更正方法进行更正。

二、实训示例

现金日记账

2019年		凭证		摘　要	借　方									贷　方									余　额								
月	日	字	号		十	万	千	百	十	元	角	分	十	万	千	百	十	元	角	分	十	万	千	百	十	元	角	分
12	1			承前页																			3	0	0	0	0	0
	12	现付	18	购办公用品											8	9	0	0	0	0			2	1	1	0	0	0
	13	现付	19	付装卸费											5	0	0	0	0	0			1	6	1	0	0	0
	16	银付	23	银行提取			3	0	0	0	0	0											4	6	1	0	0	0
	20	现付	20	王江出差借款										1	5	0	0	0	0				3	1	1	0	0	0
	23	现付	21	付交通费												2	2	0	0				3	0	8	8	0	0
	28	现付	22	付医药费												3	5	6	0	0			2	7	3	2	0	0
	28	银付	29	银行提取			1	0	0	0	0	0											3	7	3	2	0	0

三、任务描述

根据所给每一笔交易或事项的原始凭证,检查所填制的记账凭证和依据记账凭证所登记的账户记录是否正确。若有错误,请指出是由于登账的错误还是由于记账凭证填错而引起的登账错误,并采用正确的方法进行更正。

四、实训准备

1. 配备蓝(黑、红)笔、直尺、算盘或计算器。
2. 准备收款凭证、付款凭证、转账凭证若干张。

五、实训资料

1. 宏伟股份有限公司 2019 年 6 月份有四笔经济业务的原始凭证和记账凭证的填制情况如下:

(1) 6 月 6 日,生产 A 产品领钢材。见凭证 6-1-1、凭证 6-1-2。

凭证 6-1-1

领 料 单

领料单位:生产车间 编号:23654

用途:A 产品 2019 年 6 月 6 日 仓库:

材料 类别	材料 编号	材料名称 及规格	计量 单位	数 量		单价	金 额 (元)
				请领	实领		
原料及主要材料		20 mm 钢材	吨	6	6	2 550	15 300.00
合 计				6	6		15 300.00

记账:陈尘 发料:黄敏 领料部门负责人:华红 领料:李利

第二联 记账联

凭证 6-1-2

转账凭证

2019 年 6 月 6 日 转字第 2 号

摘 要	总账科目	明细科目	借 方									贷 方									记账
			百	十	万	千	百	十	元	角	分	百	十	万	千	百	十	元	角	分	
领用材料	制造费用	A 产品			1	3	5	0	0	0	0										√
	原材料	螺纹钢												1	3	5	0	0	0	0	√
合 计	(附件 1 张)		¥	1	3	5	0	0	0	0		¥	1	3	5	0	0	0	0		

会计主管:周亮 复核:郑之 记账:解然 出纳:赵平 制单:李琴

(2) 6 月 8 日,以现金购买办公用品。见凭证 6-2-1、凭证 6-2-2。

凭证 6-2-1

江西增值税电子普通发票

机器编码:661817671771

发票代号:126001601476
发票号码:42164890
开票日期:2019 年 06 月 08 日
校 验 码:54362 01190 00102

购货方	名 称:宏伟股份有限公司 纳税人识别号:913601056779254320 地址、电话:江西省南昌市船山路56号 0791-87802456 开户行及账号:工行南昌船山路支行 23462101189312	密码区	26963+1/->59 * <818<9 * * -0> <61> * 7>/433>2 * 3-0+672<7>2 * 32201 2162 1+<<51+41+> * >58 * 84--01323 7 120 1/6612348737 * <5963>4 * 8/59>>99

货物或应税劳务、服务名称	规格型号	单位	数量	单价	金额	税率	税额
办公用品		**包**	2	100.00	200.00	13%	26.00
合 计					¥200.00		¥226.00

价税合计 (大写)	⊗贰佰贰拾陆元整	(小写) ¥226.00

销货方	名 称:南昌市百货大楼股份有限公司 纳税人识别号:913601001583616740 地址、电话:江西省南昌市东湖区中山路1 号 0791-86222492 开户行及账号:工行南昌胜利路支行 15022207023476150674	备注	

收款人: 复核: 开票人:管理员 销货单位(章)

第三联:发票联 购货方记账凭证

凭证 6-2-2

付款凭证

贷方科目:库存现金 2019 年 6 月 8 日 现付字第 6 号

摘 要	借方科目		金 额									记账
	总账科目	明细科目	千	百	十	万	千	百	十	元	角	分	
支付办公费(复印纸)	管理费用	办公费						2	0	6	0	0	√
合 计								¥	2	0	6	0	0	

会计主管:周亮 复核:郑之 记账:解然 出纳:赵平 制单:李琴

附件 1 张

(3)6月12日,职工李兴出差借款。见凭证6-3-1、凭证6-3-2。

凭证6-3-1

借 款 单

2019 年 6 月 12 日

部　　门	供应科		借款事由	采购商品
借款金额	金额(大写)贰仟叁佰元整			￥ 2 300.00
批准金额	金额(大写)贰仟叁佰元整		现金付讫 ￥ 2 300.00	
领导	刘萍	财务主管	周亮	借款人　李兴

凭证6-3-2

付款凭证

贷方科目:库存现金　　　　　　2019 年 6 月 12 日　　　　　　现付字第 7 号

摘　要	借方科目		金　额									记账
	总账科目	明细科目	千	百	十	万	千	百	十	元	角	分	
职工预借差旅费	其他应收款	李兴					3	2	0	0	0	0	√
合　计						￥	3	2	0	0	0	0	

会计主管:周亮　　　复核:郑之　　　记账:解然　　　出纳:赵平　　　制单:李琴

附件1张

(4)6月15日,销售废料一批。见凭证 6-4-1、凭证 6-4-2、账页 6-4-1、账页6-4-2。

凭证6-4-1

江西通用手工发票

发票代号:1360002545789
发票号码:03265978

付款方名称:兴达收购站　　　　　　　　　　　　　　　　2019 年 6 月 15 日

项目内容	金　额					备　注
	百	十	元	角	分	
废铁	9	6	0	0	0	
合计金额(大写)玖拾陆元整	9	6	0	0	0	

收款方名称:
收款单位税号:

开票人:杜文

第二联　发票联

凭证 6－4－2

收款凭证

借方科目:库存现金　　　　　　　　　2019 年 6 月 15 日　　　　　　　　　现收字第 10 号

摘　要	贷方科目		金　额										记账
	总账科目	明细科目	千	百	十	万	千	百	十	元	角	分	
销售废铁一批	其他业务收入						9	6	0	0	0		✓
合　计						¥	9	6	0	0	0		

附件 1 张

会计主管:周亮　　　复核:郑之　　　记账:解然　　　出纳:赵平　　　制单:李琴

2. 宏伟股份有限公司 2019 年 6 月月末相关账簿的登记情况如下(见账页 6－1 至账页 6－7):

账页 6－1

总分类账户

科目:制造费用

2019年		凭证号数	摘　要	借　方									贷　方									借或贷	余　额								
月	日			百	十	万	千	百	十	元	角	分	百	十	万	千	百	十	元	角	分		百	十	万	千	百	十	元	角	分
6	6	转字2	领用材料			1	3	5	0	0	0	0																			

账页 6－2

总分类账户

科目:原材料

2019年		凭证号数	摘　要	借　方									贷　方									借或贷	余　额								
月	日			百	十	万	千	百	十	元	角	分	百	十	万	千	百	十	元	角	分		百	十	万	千	百	十	元	角	分
6	1		期初余额																				借		1	0	0	0	0	0	0	0
6	6	转字2	生产领用材料												1	3	5	0	0	0	0	借			8	6	5	0	0	0	0

账页 6-3

总分类账户

科目:管理费用

2019年 月	日	凭证号数	摘要	借方 百	十	万	千	百	十	元	角	分	贷方 百	十	万	千	百	十	元	角	分	借或贷	余额 百	十	万	千	百	十	元	角	分
6	8		承前页				2	0	0	0	0	0																				
6	8	现付6	购买办公用品					2	0	6	0	0																				

账页 6-4

总分类账户

科目:库存现金

2019年 月	日	凭证号数	摘要	借方 百	十	万	千	百	十	元	角	分	贷方 百	十	万	千	百	十	元	角	分	借或贷	余额 百	十	万	千	百	十	元	角	分
6	1		期初余额																			借				4	1	0	0	0	0
	8	现付6	购买办公用品														2	0	6	0	0	借				3	8	9	4	0	0
	12	现付7	职工借差旅费													3	2	0	0	0	0	借					6	9	4	0	0
	15	现收10	销售废料一批					6	9	0	0	0										借				1	3	8	4	0	0

账页 6-5

总分类账户

科目:其他应收款

2019年		凭证号数	摘要	借方									贷方									借或贷	余额								
月	日			百	十	万	千	百	十	元	角	分	百	十	万	千	百	十	元	角	分		百	十	万	千	百	十	元	角	分
6	1		期初余额																			借			1	2	0	0	0	0	0
	12	现付7	职工出差借款				3	2	0	0	0	0										借			4	4	0	0	0	0	0

账页 6-6

总分类账户

科目:其他业务收入

2019年		凭证号数	摘要	借方									贷方									借或贷	余额								
月	日			百	十	万	千	百	十	元	角	分	百	十	万	千	百	十	元	角	分		百	十	万	千	百	十	元	角	分
6	3	现收9	收取租金													4	0	0	0	0	0										
	15	现收10	销售废料一批														6	9	0	0	0										

账页 6-7

总分类账户

科目:生产成本

2019年		凭证号数	摘要	借方									贷方									借或贷	余额								
月	日			百	十	万	千	百	十	元	角	分	百	十	万	千	百	十	元	角	分		百	十	万	千	百	十	元	角	分

实训七　记账规则与结账

一、能力目标

1. 能按记账规则登记账簿。
2. 能进行月末、年末结账工作,并完成新、旧年度的账簿结转。

二、实训示例

银行存款日记账

种类:结算户存款　　　　　　　　　　　　账号:1302035542218　　　第　页

2019年		凭证		摘　要	结算凭证		借　方								贷　方								余　额								
月	日	字	号		种类	号数	十万	千	百	十	元	角	分	十万	千	百	十	元	角	分	百	十万	千	百	十	元	角	分			
12	20			承前页			2	8	0	0	0	0	0	0	4	0	0	0	0	0	0		3	4	0	0	0	0	0	0	
	23	付	29	付料款	转支	034									2	0	0	0	0	0	0		3	2	0	0	0	0	0	0	
	25	付	30	购文具	转支	035										1	0	0	0	0	0		3	1	9	0	0	0	0	0	
	27	收	28	收货款	电汇		1	2	0	0	0	0	0	0									4	3	9	0	0	0	0	0	
	29	付	31	付货款	电汇										3	0	0	0	0	0	0		4	0	9	0	0	0	0	0	
	30	付	32	付修理费	转支	036										1	5	0	0	0	0		4	0	7	5	0	0	0	0	
	31	收	29	收货款	转支	108		2	2	0	0	0	0	0									4	2	9	5	0	0	0	0	
	31			本月合计			4	2	2	0	0	0	0	0	9	2	5	0	0	0	0		4	2	9	5	0	0	0	0	
	31			本年合计			7	2	2	0	0	0	0	0	3	9	2	5	0	0	0	0	4	2	9	5	0	0	0	0		
				结转下年																												

"本月合计"上、下边框通栏各画一条单红线

"本年合计"下边框通栏画双红线

三、任务描述

1. 根据资料按记账规则登记账簿。
2. 根据所给账簿资料办理月末、年末结账手续。
3. 更换新账。

四、实训准备

配备红、蓝(黑)笔、算盘或计算器。

五、实训资料

1. 华荣有限责任公司 2019 年现金日记账见账页 7 - 1、账页 7 - 2。

账页 7 - 1

现金日记账

科目:库存现金

第 35 页

2019年		凭证号数	摘要	借　方									贷　方									借或贷	余　额								
月	日			百	十	万	千	百	十	元	角	分	百	十	万	千	百	十	元	角	分		百	十	万	千	百	十	元	角	分
			承前页			3	8	0	0	0	0	0			3	7	6	0	0	0	0	借				5	0	0	0	0	0
11	30	现付 20	预付差旅费													3	0	0	0	0	借					4	7	0	0	0	0
	30		本月合计			3	8	0	0	0	0	0			3	7	6	3	0	0	0	借				4	7	0	0	0	0
12	1	现收 1	李红归还借支					5	0	0	0	0																			
	2	现付 1	零星购料														8	0	0	0	0										

账页 7－2

现金日记账

科目:库存现金 第 36 页

2019年		凭证号数	摘要	借方									贷方									借或贷	余额								
月	日			百	十	万	千	百	十	元	角	分	百	十	万	千	百	十	元	角	分		百	十	万	千	百	十	元	角	分
12	3	现付2	购办公用品														2	6	0	0	0										
	4	银付1	提取现金				1	0	0	0	0	0																			
	5	现收2	张军归还借支					3	2	0	0	0																			
	9	现付3	付运费														1	6	0	0	0										
	10	银付2	提现备发工资		2	8	6	0	0	0	0	0																			
	10	现付4	发放工资											2	8	6	0	0	0	0	0										
	27	现付5	付卫生费															5	2	0	0	0										

实训八　银行存款余额调节表的编制

一、能力目标

能根据对账的内容和方法,学会编制"银行存款余额调节表"。

二、实训示例

银行存款余额调节表

存款种类:结算户存款　　　　　　　2020 年 3 月 31 日　　　　　　　　　　元

项　　目	余　　额	项　　目	余　　额
企业银行存款日记账余额	580 000	银行对账单余额	570 000
加:银行已收,企业未收 减:银行已付,企业未付	6 000 4 000	加:企业已收,银行未收 减:企业已付,银行未付	18 000 6 000
调节后的存款余额	582 000	调节后的存款余额	582 000

三、任务描述

根据实训资料编制"银行存款余额调节表"(见表 8-3)。

四、实训准备

配备蓝(黑)笔、算盘或计算器。

五、实训资料

阳华有限责任公司 2020 年 4 月银行存款日记账及 4 月 30 日银行转来银行对账单分别见表 8-1、表 8-2。

表 8－1

银行存款日记账

种类:结算户存款

账号:88679

2020年		凭证号数	摘要	结算凭证		对方科目	借方	贷方	余额
月	日			种类	号数				
4	1		期初余额						109 132.88
4	2	银收1	收到销货款	转支	6655#	应收账款	100 000.00		209 132.88
	6	银付1	支付购货款	信汇	3322#	材料采购		44 000.00	165 132.88
	8	银付2	提取现金	现支	8886#	库存现金		10 000.00	155 132.88
	15	银收2	保险公司赔款	转支	3456#	其他应收款	45 600.00		200 732.88
	20	银付3	采购办公用品	转支	5556#	管理费用		16 543.40	184 189.48
	27	银付4	购入固定资产	托收	1111#	固定资产		65 000.00	119 189.48
	30		本月合计				145 600.00	135 543.40	119 189.48

表 8－2

工商银行对账单

客户名称:阳华有限责任公司

账号:88679

2020年		凭证号码	结算凭证		摘要	发生额		余额
月	日		种类	号数		借方	贷方	
4	1				余额			109 132.88
	5		转支	6655#	收到销货款		100 000.00	209 132.88
	10		信汇	3322#	支付购货款	44 000.00		165 132.88
	12		现支	8886#	提取现金	10 000.00		155 132.88
	15		托收	2346#	支付货款	68 800.00		86 332.88
	16		转支	3456#	保险公司赔款		45 600.00	131 932.88
	25		转支	1537#	付水电费	5 644.56		126 288.32
	30		委托	2105#	付购货款	32 176.88		94 111.44

表 8 - 3

银行存款余额调节表

存款种类:_____ 　　　　　　年　月　日　　　　　　　　单位:元

项　目	余　额	项　目	余　额
企业银行存款日记账余额		银行对账单余额	
加:银行已收,企业未收 减:银行已付,企业未付		加:企业已收,银行未收 减:企业已付,银行未付	
调节后的存款余额		调节后的存款余额	

实训九　记账凭证账务处理程序

一、能力目标

能运用记账凭证账务处理程序进行凭证、账簿设置，并对企业发生的各项经济业务按照记账凭证账务处理程序的方法进行会计处理。

二、任务描述

1. 开设有关总分类账账户及现金、银行存款日记账，并登记月初余额(参见实训五)；
2. 开设有关明细账户，并登记月初余额(参见实训五)；
3. 根据原始凭证编制记账凭证(参见实训三)；
4. 根据记账凭证逐笔登记现金和银行存款日记账(参见实训五)；
5. 根据原始凭证及记账凭证逐笔登记各种明细账(参见实训五)；
6. 根据记账凭证登记总账；
7. 月末，将日记账余额以及各明细账余额(参见实训五)的合计数分别与有关总账的期末余额进行核对，核对无误，可以办理结账，编制总账试算平衡表；
8. 月末，根据总账账户和有关明细账账户的余额编制财务报表。

三、实训准备

1. 配备红、蓝(黑)钢笔、直尺、算盘或计算器、装订机、装订线。
2. 准备总账账页若干张，资产负债表和利润表各一张。

四、实训资料

1. 业务资料见实训三。
2. 建账资料见实训五。

实训十　科目汇总表账务处理程序

一、能力目标

能运用科目汇总表账务处理程序进行凭证、账簿设置,并对企业发生的各项经济业务按照科目汇总表账务处理程序的方法进行会计处理。

二、任务描述

1. 开设有关总分类账账户,并登记月初余额(参见实训五);
2. 根据原始凭证编制记账凭证(参见实训三);
3. 定期编制科目汇总表(15 天汇总一次),并根据科目汇总表登记总账;
4. 月末,将日记账余额以及各明细账余额(参见实训五)的合计数分别与有关总账的期末余额进行核对,核对无误,可以办理结账,编制总账试算平衡表;
5. 月末,根据总账账户和有关明细账账户的余额编制财务报表。

三、实训准备

1. 配备钢笔(红、黑各一支)、直尺、算盘或计算器、装订机、装订线。
2. 准备总分类账账页若干张、科目汇总表两张、资产负债表和利润表各一张。

四、实训资料

1. 业务资料见实训三。
2. 建账资料见实训五。

实训十一 财务报表的编制

一、能力目标

1. 能正确编制资产负债表。
2. 能正确编制利润表。

二、实训示例

资产负债表

会企 01 表

编制单位:宏伟实业有限公司　　　　　　2019 年 12 月 31 日　　　　　　　单位:元

资　产	期末余额	上年年末余额	负债和所有者权益（或股东权益）	期末余额	上年年末余额
流动资产:			流动负债:		
货币资金	103 953		短期借款	80 000	
交易性金融资产	20 000		交易性金融负债		
衍生金融资产			衍生金融负债		
应收票据	5 000		应付票据		
应收账款	10 000		应付账款	16 000	
应收款项融资			预收款项	22 000	
预付款项	8 000		合同负债		
其他应收款	3 000		应付职工薪酬	18 700	
存货	26 500		应交税费	10 900	
合同资产			其他应付款	5 800	
持有待售资产			持有待售负债		
一年内到期的非流动资产			一年内到期的非流动负债		
其他流动资产			其他流动负债		
流动资产合计	176 453		流动负债合计	153 400	
非流动资产:			非流动负债:		
债权投资	25 000		长期借款	120 000	

续　表

资　产	期末余额	上年年末余额	负债和所有者权益（或股东权益）	期末余额	上年年末余额
其他债权投资			应付债券	30 000	
长期应收款			其中:优先股		
长期股权投资	20 000		永续债		
其他权益工具投资			租赁负债		
其他非流动金融资产			长期应付款		
投资性房地产			预计负债		
固定资产	260 000		递延收益		
在建工程			递延所得税负债		
生产性生物资产			其他非流动负债		
油气资产			非流动负债合计	150 000	
使用权资产			负债合计	303 400	
无形资产	30 000		所有者权益（或股东权益）:		
开发支出			实收资本（或股本）	200 000	
商誉			其他权益工具		
长期待摊费用			其中:优先股		
递延所得税资产			永续债		
其他非流动资产			资本公积		
非流动资产合计	335 000		减:库存股		
			其他综合收益		
			专项储备		
			盈余公积	8 053	
			未分配利润		
			所有者权益（或股东权益）合计	208 053	
资产总计	511 453		负债和所有者权益（或股东权益）总计	511 453	

利　润　表

编制单位:胜利有限责任公司　　　　　　　2019 年 12 月　　　　　　　　　　单位:元

项　目	本期金额	上期金额
一、营业收入	156 000	125 000
减:营业成本	117 200	92 800

续　表

项　目	本期金额	上期金额
税金及附加	7 160	7 500
销售费用	3 000	3 600
管理费用	9 620	6 800
研发费用		
财务费用	1 900	2 300
其中:利息费用		
利息收入		
加:其他收益		
投资收益(损失以"－"号填列)	3 760	3 760
其中:对联营企业和合营企业的投资收益		
以摊余成本计量的金融资产终止确认收益(损失以"－"号填列)		
净敞口套期收益(损失以"－"号填列)		
公允价值变动收益(损失以"－"号填列)		
信用减值损失(损失以"－"号填列)		
资产减值损失(损失以"－"号填列)		
资产处置收益(损失以"－"号填列)		
二、营业利润(亏损以"－"号填列)	20 880	15 760
加:营业外收入		2 000
减:营业外支出	1 300	
三、利润总额(亏损总额以"－"号填列)	19 580	17 760
减:所得税费用	4 895	4 440
四、净利润(净亏损以"－"号填列)	14 685	13 320

三、任务描述

1. 根据所给账簿资料进行试算平衡;

2. 根据总账及有关明细账期末余额计算填列资产负债表各项目金额,完成资产负债表的编制工作;

3. 根据所给账簿资料的本月发生额逐项填列和计算利润表的本期金额。

四、实训准备

1. 配备蓝(黑)笔、算盘或计算器。

2. 准备试算平衡表、资产负债表和利润表各一张。

五、实训资料

1. 江都有限责任公司 2020 年 4 月 30 日全部总账账户及有关明细账账户的期末余额见账页 11 - 1 至账页 11 - 20；

2. 江都有限责任公司 2020 年 4 月份有关损益类账户见账页 11 - 21 至账页 11 - 29。

3. 江都有限责任公司 2020 年 4 月份"本年利润"账户见账页 11 - 30。

账页 11 - 1

总分类账

会计科目：库存现金 　　　　　　　　　　　　　　　　　　　　　　　　　　　　　　　　第 　页

2020年		凭证		摘　要	借　方							贷　方							借或贷	余　额						
月	日	字	号		十万	千	百	十	元	角	分	十万	千	百	十	元	角	分		十万	千	百	十	元	角	分
4	1			期初余额															借		1	0	0	0	0	0
	10	汇	1	1-10日汇总									3	0	0	0	0	0	借		7	0	0	0	0	0
	20	汇	2	11-20日汇总		2	6	0	0	0	0		1	8	3	0	0	0	借	1	4	7	0	0	0	0
	30	汇	3	21-30日汇总		1	0	0	0	0	0		1	5	7	0	0	0	借		9	0	0	0	0	0
	30			本月合计		3	6	0	0	0	0		3	7	0	0	0	0	借		9	0	0	0	0	0

账页 11 - 2

总分类账

会计科目：银行存款 　　　　　　　　　　　　　　　　　　　　　　　　　　　　　　　　第 　页

2020年		凭证		摘　要	借　方							贷　方							借或贷	余　额						
月	日	字	号		十万	千	百	十	元	角	分	十万	千	百	十	元	角	分		十万	千	百	十	元	角	分
4	1			期初余额															借	8	6	0	0	0	0	0
	10	汇	1	1-10日汇总		3	1	8	0	0	0		4	6	3	0	0	0	借	7	1	5	0	0	0	0
	20	汇	2	11-20日汇总		2	2	5	0	0	0		5	1	0	0	0	0	借	4	3	0	0	0	0	0
	30	汇	3	21-30日汇总		4	1	7	5	0	0		1	4	7	5	0	0	借	7	0	0	0	0	0	0
	30			本月合计		9	6	0	5	0	0	1	1	2	0	5	0	0	借	7	0	0	0	0	0	0

账页 11-3

总分类账

会计科目:应收账款　　　　　　　　　　　　　　　　　　　　　　　　　　第　页

2020年 月	日	字	号	摘要	借方 十万	万	千	百	十	元	角	分	贷方 十万	万	千	百	十	元	角	分	借或贷	余额 十万	万	千	百	十	元	角	分
4	1			期初余额																	借			5	0	0	0	0	0
	10	汇	1	1-10日汇总											5	0	0	0	0	0	平							0	
	20	汇	2	11-20日汇总		1	2	0	0	0	0	0			8	8	0	0	0	0	借			3	2	0	0	0	0
	30			本月合计		1	2	0	0	0	0	0		1	3	8	0	0	0	0	借			3	2	0	0	0	0

注:应收账款——丽红公司　贷方余额800元,应收账款——荣立公司　借方余额4 000元

账页 11-4

总分类账

会计科目:预付账款　　　　　　　　　　　　　　　　　　　　　　　　　　第　页

2020年 月	日	字	号	摘要	借方 十万	万	千	百	十	元	角	分	贷方 十万	万	千	百	十	元	角	分	借或贷	余额 十万	万	千	百	十	元	角	分
4	1			期初余额																	借		2	5	0	0	0	0	0
	10	汇	1	1-10日汇总											1	5	0	0	0	0	借		1	0	0	0	0	0	0
	30			本月合计											1	5	0	0	0	0	借		1	0	0	0	0	0	0

注:预付账款——华红公司　贷方余额1 500元,预付账款——友华公司　借方余额11 500元

账页 11-5

总分类账

会计科目:其他应收款　　　　　　　　　　　　　　　　　　　　　　　　　第　页

2020年 月	日	字	号	摘要	借方 十万	万	千	百	十	元	角	分	贷方 十万	万	千	百	十	元	角	分	借或贷	余额 十万	万	千	百	十	元	角	分
4	1			期初余额																	借			6	0	0	0	0	0
	20	汇	2	11-20日汇总											5	0	0	0	0	0	借			1	0	0	0	0	0
	30	汇	3	21-30日汇总			2	0	0	0	0	0			1	0	0	0	0	0	借			2	0	0	0	0	0
	30			本月合计			2	0	0	0	0	0			6	0	0	0	0	0	借			2	0	0	0	0	0

账页 11 - 6

总分类账

会计科目：原材料 第　页

2020年		凭证		摘　要	借　方								贷　方								借或贷	余　额							
月	日	字	号		十万	千	百	十	元	角	分		十万	千	百	十	元	角	分		十万	千	百	十	元	角	分
4	1			期初余额																借		7	5	0	0	0	0
	10	汇	1	1 - 10 日汇总		6	0	0	0	0	0			5	0	0	0	0	0	借		7	6	0	0	0	0
	20	汇	2	11 - 20 日汇总		5	2	0	0	0	0			5	6	0	0	0	0	借		7	5	6	0	0	0
	30	汇	3	21 - 30 日汇总		2	0	0	0	0	0			7	6	0	0	0	0	借		7	0	0	0	0	0
	30			本月合计	1	3	2	0	0	0	0		1	8	2	0	0	0	0	借		7	0	0	0	0	0

账页 11 - 7

总分类账

会计科目：库存商品 第　页

2020年		凭证		摘　要	借　方								贷　方								借或贷	余　额							
月	日	字	号		十万	千	百	十	元	角	分		十万	千	百	十	元	角	分		十万	千	百	十	元	角	分
4	1			期初余额																借		4	2	0	0	0	0
	30	汇	3	21 - 30 日汇总		3	7	5	0	0	0			1	4	5	0	0	0	借		6	5	0	0	0	0
	30			本月合计		3	7	5	0	0	0			1	4	5	0	0	0	借		6	5	0	0	0	0

账页 11 - 8

总分类账

会计科目：生产成本 第　页

2020年		凭证		摘　要	借　方								贷　方								借或贷	余　额							
月	日	字	号		十万	千	百	十	元	角	分		十万	千	百	十	元	角	分		十万	千	百	十	元	角	分
4	1			期初余额																借		1	3	0	0	0	0
	10	汇	1	1 - 10 日汇总		2	9	4	0	0	0									借		4	2	4	0	0	0
	20	汇	2	11 - 20 日汇总		1	6	8	0	0	0									借		5	9	2	0	0	0
	30	汇	3	21 - 30 日汇总		3	0	0	0	0	0			6	6	0	0	0	0	借		2	3	2	0	0	0
	30			本月合计		7	6	2	0	0	0			6	6	0	0	0	0	借		2	3	2	0	0	0

账页 11－9

总分类账

会计科目:固定资产　　　　　　　　　　　　　　　　　　　　　第　页

2020年		凭证		摘　要	借　方								贷　方								借或贷	余　额							
月	日	字	号		十万	千	百	十	元	角	分		十万	千	百	十	元	角	分			十万	千	百	十	元	角	分
4	1			期初余额																	借	5	5	0	0	0	0	0
	20	汇	2	11－20日汇总	9	0	0	0	0	0	0										借	6	4	0	0	0	0	0
	30			本月合计	9	0	0	0	0	0	0										借	6	4	0	0	0	0	0

账页 11－10

总分类账

会计科目:累计折旧　　　　　　　　　　　　　　　　　　　　　第　页

2020年		凭证		摘　要	借　方								贷　方								借或贷	余　额							
月	日	字	号		十万	千	百	十	元	角	分		十万	千	百	十	元	角	分			十万	千	百	十	元	角	分
4	1			期初余额																	贷		1	5	0	0	0	0
	30	汇	3	21－30日汇总										5	0	0	0	0	0		贷		2	0	0	0	0	0
	30			本月合计										5	0	0	0	0	0		贷		2	0	0	0	0	0

账页 11－11

总分类账

会计科目:短期借款　　　　　　　　　　　　　　　　　　　　　第　页

2020年		凭证		摘　要	借　方								贷　方								借或贷	余　额							
月	日	字	号		十万	千	百	十	元	角	分		十万	千	百	十	元	角	分			十万	千	百	十	元	角	分
4	1			期初余额																	贷		7	5	0	0	0	0
	20	汇	2	11－20日汇总										1	5	0	0	0	0		贷		9	0	0	0	0	0
	30			本月合计										1	5	0	0	0	0		贷		9	0	0	0	0	0

账页 11－12

总分类账

会计科目:应付账款　　　　　　　　　　　　　　　　　　　　　　　　　　　　　　　　第　页

2020年		凭证		摘　要	借　方								贷　方								借或贷	余　额							
月	日	字	号		十万	千	百	十	元	角	分	十万	千	百	十	元	角	分		十万	千	百	十	元	角	分
4	1			期初余额															贷		7	5	0	0	0	0	0
	10	汇	1	1－10日汇总		2	5	0	0	0	0		6	0	0	0	0	0	贷		1	1	0	0	0	0	0
	30	汇	3	21－30日汇总	1	2	2	0	0	0	0		5	0	0	0	0	0	贷		3	8	0	0	0	0	0
	30			本月合计	1	4	7	0	0	0	0	1	1	0	0	0	0	0	贷		3	8	0	0	0	0	0

注:应付账款——新和公司　借方余额2 000,应付账款——万达公司　贷方余额40 000

账页 11－13

总分类账

会计科目:预收账款　　　　　　　　　　　　　　　　　　　　　　　　　　　　　　　　第　页

2020年		凭证		摘　要	借　方								贷　方								借或贷	余　额							
月	日	字	号		十万	千	百	十	元	角	分	十万	千	百	十	元	角	分		十万	千	百	十	元	角	分
4	1			期初余额															贷			2	0	0	0	0	0
	30	汇	3	21－30日汇总			6	0	0	0	0			1	0	0	0	0	贷			6	0	0	0	0	0
	30			本月合计			6	0	0	0	0			1	0	0	0	0	贷			6	0	0	0	0	0

注:预收账款——洪都公司　贷方余额8 500,预收账款——永华公司　借方余额2 500

账页 11－14

总分类账

会计科目:其他应付款　　　　　　　　　　　　　　　　　　　　　　　　　　　　　　　　第　页

2020年		凭证		摘　要	借　方								贷　方								借或贷	余　额							
月	日	字	号		十万	千	百	十	元	角	分	十万	千	百	十	元	角	分		十万	千	百	十	元	角	分
4	1			期初余额															贷			2	0	0	0	0	0
	10	汇	1	1－10日汇总			4	0	0	0	0			6	0	0	0	0	贷			4	0	0	0	0	0
	30			本月合计			4	0	0	0	0			6	0	0	0	0	贷			4	0	0	0	0	0

账页 11－15

总分类账

会计科目:应付职工薪酬

2020年 月	日	凭证 字	号	摘　要	借　方 十万	千	百	十	元	角	分	贷　方 十万	千	百	十	元	角	分	借或贷	余　额 十万	千	百	十	元	角	分
4	1			期初余额															贷	3	1	5	0	0	0	0
	10	汇	1	1－10日汇总	3	1	5	0	0	0	0								平				0			
	30	汇	3	21－30日汇总								3	2	5	0	0	0	0	贷	3	2	5	0	0	0	0
	30			本月合计	3	1	5	0	0	0	0	3	2	5	0	0	0	0	贷	3	2	5	0	0	0	0

账页 11－16

总分类账

会计科目:应交税费

2020年 月	日	凭证 字	号	摘　要	借　方 十万	千	百	十	元	角	分	贷　方 十万	千	百	十	元	角	分	借或贷	余　额 十万	千	百	十	元	角	分
4	1			期初余额															贷	1	1	7	0	0	0	0
	10	汇	1	1－10日汇总	1	1	7	0	0	0	0	3	4	0	0	0	0		贷	3	4	0	0	0	0
	20	汇	2	11－20日汇总								2	5	5	0	0	0		贷	5	9	5	0	0	0
	30	汇	3	21－30日汇总								4	8	5	0	0	0		贷	1	0	8	0	0	0	0
	30			本月合计	1	1	7	0	0	0	0	1	0	8	0	0	0	0	贷	1	0	8	0	0	0	0

账页 11－17

总分类账

会计科目:长期借款

2020年 月	日	凭证 字	号	摘　要	借　方 十万	千	百	十	元	角	分	贷　方 十万	千	百	十	元	角	分	借或贷	余　额 十万	千	百	十	元	角	分
4	1			期初余额															贷	6	0	0	0	0	0	0
	10	汇	1	1－10日汇总	1	0	0	0	0	0	0								贷	5	0	0	0	0	0	0
	30			本月合计	1	0	0	0	0	0	0								贷	5	0	0	0	0	0	0

账页 11 - 18

总分类账

会计科目:实收资本　　　　　　　　　　　　　　　　　　　　　　　　　　　　　　　　　第　页

2020年		凭证		摘　要	借　方								贷　方								借或贷	余　额							
月	日	字	号		十万	千	百	十	元	角	分		十万	千	百	十	元	角	分			十万	千	百	十	元	角	分
4	1			期初余额																	贷	4	3	2	8	0	0	0	0
	10	汇	1	1 - 10 日汇总									8	8	8	3	5	0	0	贷	5	2	1	6	3	5	0	0
	30			本月合计									8	8	8	3	5	0	0	贷	5	2	1	6	3	5	0	0

账页 11 - 19

总分类账

会计科目:盈余公积　　　　　　　　　　　　　　　　　　　　　　　　　　　　　　　　　第　页

2020年		凭证		摘　要	借　方								贷　方								借或贷	余　额							
月	日	字	号		十万	千	百	十	元	角	分		十万	千	百	十	元	角	分			十万	千	百	十	元	角	分
4	1			期初余额																	贷		2	4	0	0	0	0	0

账页 11 - 20

总分类账

会计科目:利润分配　　　　　　　　　　　　　　　　　　　　　　　　　　　　　　　　　第　页

2020年		凭证		摘　要	借　方								贷　方								借或贷	余　额							
月	日	字	号		十万	千	百	十	元	角	分		十万	千	百	十	元	角	分			十万	千	百	十	元	角	分
4	1			期初余额																	贷		7	4	0	0	0	0	0

账页 11 - 21

总分类账

会计科目:主营业务收入　　　　　　　　　　　　　　　　　　　　　　　　　　　　　　　第　页

2020年		凭证		摘　要	借　方								贷　方								借或贷	余　额							
月	日	字	号		十万	千	百	十	元	角	分		十万	千	百	十	元	角	分			十万	千	百	十	元	角	分
4	10	汇	1	1 - 10 日汇总										4	5	0	0	0	0	0	贷		4	5	0	0	0	0	0
	20	汇	2	11 - 20 日汇总										5	2	0	0	0	0	0	贷		9	7	0	0	0	0	0
	30	汇	3	21 - 30 日汇总	1	6	1	0	0	0	0	0		6	4	0	0	0	0	0	平							0	
	30			本月合计	1	6	1	0	0	0	0	0	1	6	1	0	0	0	0	0	平							0	

账页 11－22

总分类账

会计科目:主营业务成本　　　　　　　　　　　　　　　　　　　　第　页

2020年 月	日	凭证 字	号	摘要	借方 十万	千	百	十	元	角	分	贷方 十万	千	百	十	元	角	分	借或贷	余额 十万	千	百	十	元	角	分
4	10	汇	1	1－10日汇总		3	6	0	0	0	0								借		3	6	0	0	0	0
	20	汇	2	11－20日汇总		5	0	9	0	0	0								借		8	6	9	0	0	0
	30	汇	3	21－30日汇总		4	1	1	0	0	0		1	2	8	0	0	0	平				0			
	30			本月合计	1	2	8	0	0	0	0	1	2	8	0	0	0	0	平				0			

账页 11－23

总分类账

会计科目:税金及附加　　　　　　　　　　　　　　　　　　　　第　页

2020年 月	日	凭证 字	号	摘要	借方 十万	千	百	十	元	角	分	贷方 十万	千	百	十	元	角	分	借或贷	余额 十万	千	百	十	元	角	分
4	10	汇	1	1－10日汇总			1	3	5	0	0								借			1	3	5	0	0
	20	汇	2	11－20日汇总			1	5	6	0	0								借			2	9	1	0	0
	30	汇	3	21－30日汇总			1	9	2	0	0			4	8	3	0	0	平				0			
	30			本月合计			4	8	3	0	0			4	8	3	0	0	平				0			

账页 11－24

总分类账

会计科目:销售费用　　　　　　　　　　　　　　　　　　　　第　页

2020年 月	日	凭证 字	号	摘要	借方 十万	千	百	十	元	角	分	贷方 十万	千	百	十	元	角	分	借或贷	余额 十万	千	百	十	元	角	分
4	10	汇	1	1－10日汇总			1	0	0	0	0								借			1	0	0	0	0
	30	汇	3	21－30日汇总				8	5	0	0			1	8	5	0	0	平				0			
	30			本月合计			1	8	5	0	0			1	8	5	0	0	平				0			

账页 11－25

总分类账

会计科目:管理费用　　　　　　　　　　　　　　　　　　　　　　　　第　页

2020年		凭证		摘　要	借　方								贷　方								借或贷	余　额							
月	日	字	号		十	万	千	百	十	元	角	分	十	万	千	百	十	元	角	分		十	万	千	百	十	元	角	分
4	10	汇	1	1－10日汇总			4	5	0	0	0	0									借			4	5	0	0	0	0
	30	汇	3	21－30日汇总			3	3	0	0	0	0			7	8	0	0	0	0	平								0
	30			本月合计			7	8	0	0	0	0			7	8	0	0	0	0	平								0

账页 11－26

总分类账

会计科目:财务费用　　　　　　　　　　　　　　　　　　　　　　　　第　页

2020年		凭证		摘　要	借　方								贷　方								借或贷	余　额							
月	日	字	号		十	万	千	百	十	元	角	分	十	万	千	百	十	元	角	分		十	万	千	百	十	元	角	分
4	20	汇	2	11－20日汇总				2	0	0	0	0									借				2	0	0	0	0
	30	汇	3	21－30日汇总				1	0	0	0	0				1	2	0	0	0	平								0
	30			本月合计				1	2	0	0	0				1	2	0	0	0	平								0

账页 11－27

总分类账

会计科目:营业外收入　　　　　　　　　　　　　　　　　　　　　　　第　页

2020年		凭证		摘　要	借　方								贷　方								借或贷	余　额							
月	日	字	号		十	万	千	百	十	元	角	分	十	万	千	百	十	元	角	分		十	万	千	百	十	元	角	分
4	30	汇	3	21－30日汇总				8	0	0	0	0				8	0	0	0	0	平								0
	30			本月合计				8	0	0	0	0				8	0	0	0	0	平								0

账页 11 - 28

总分类账

会计科目:营业外支出 第 页

2020年		凭证		摘 要	借 方									贷 方									借或贷	余 额								
月	日	字	号		十	万	千	百	十	元	角	分		十	万	千	百	十	元	角	分			十	万	千	百	十	元	角	分
4	10	汇	1	1-10日汇总			3	0	0	0	0											借				3	0	0	0	0
	30	汇	3	21-30日汇总												3	0	0	0	0		平							0
	30			本月合计			3	0	0	0	0					3	0	0	0	0		平							0

账页 11 - 29

总分类账

会计科目:所得税费用 第 页

2020年		凭证		摘 要	借 方									贷 方									借或贷	余 额								
月	日	字	号		十	万	千	百	十	元	角	分		十	万	千	百	十	元	角	分			十	万	千	百	十	元	角	分
4	30	汇	3	21-30日汇总		4	4	5	5	0	0				4	4	5	5	0	0		平							0	
	30			本月合计		4	4	5	5	0	0				4	4	5	5	0	0		平							0	

账页 11 - 30

总分类账

会计科目:本年利润 第 页

2020年		凭证		摘 要	借 方									贷 方									借或贷	余 额								
月	日	字	号		十	万	千	百	十	元	角	分		十	万	千	百	十	元	角	分			十	万	千	百	十	元	角	分
4	10	汇	3	21-30日汇总	1	4	8	4	3	5	0	0		1	6	1	8	0	0	0	0	贷		1	3	3	6	5	0	0	
	30			本月合计	1	4	8	4	3	5	0	0		1	6	1	8	0	0	0	0	贷		1	3	3	6	5	0	0	

实训十二　综合实训

一、能力目标

1. 能熟练运用常用的账务处理程序,独立完成一个简单的小型工业企业的会计核算工作任务。

2. 能熟练掌握会计工作各岗位及全过程最基本的核算技能和方法。

二、任务描述

分设经办人员、会计主管、出纳、保管、制单会计和记账会计六个角色,运用规范、仿真的原始凭证、记账凭证、会计账簿和财务报表,按照会计工作流程,完成全部会计核算过程——从建账、填制和审核原始凭证与记账凭证、登记账簿、成本计算、财产清查、结账直至编制财务报表。

三、实训准备

1. 配备红、蓝(黑)笔、算盘或计算器、装订线、装订机。

2. 准备三栏式总账、现金日记账、银行存款日记账、三栏式明细账、数量金额式账页(用于原材料、库存商品明细账)、多栏式账页(用于生产成本、制造费用)各若干张;准备记账凭证(通用记账凭证若干张或收款凭证、付款凭证、转账凭证各若干张);准备记账凭证封面一张;准备科目汇总表一张;准备资产负债表、利润表各一张。

四、实训资料

1. 企业概况:

企业名称:洪华有限责任公司　　　　法人代表:刘萍

地址:南昌市滨江路 168 号　　　　　电话:0791 - 86968889

开户银行:工行滨江路支行　　　　　账号:082124357689(工资账号:072124357689)

统一社会信用代码:913601035677123413(增值税一般纳税人)

2. 企业的生产经营组织:

洪华有限责任公司是一家制造业企业,主要生产销售 A、B 两种产品,产品生产工艺流程较简单,在同一综合车间进行加工制造,原材料为甲、乙、丙三种。

3. 企业的财务核算方法:

(1)记账凭证:通用记账凭证或专用记账凭证。

(2)账务处理程序:科目汇总表账务处理程序。

(3)采购材料的运杂费按材料重量进行分配,月底制造费用按工人工资比例进行分配。

（4）实际成本计价法。

（5）不考虑纳税调整因素。

4. 企业的岗位设置(6人)：

（1）财务主管：负责财务部门全面工作。

（2）会计1：负责编制记账凭证等工作。

（3）会计2：负责审核凭证,登记账簿及编制报表等工作。

（4）出纳：负责出纳工作。

（5）保管：负责实物的出入库。

（6）经办人员：负责日常事务的处理。

5. 2019年12月月初有关账户的余额见下表：

2019年12月月初有关账户的余额 元

总账科目	明细科目	期初余额	
		借方	贷方
库存现金		2 800	
银行存款	工商银行滨江路支行	209 000	
交易性金融资产	科达公司股票	60 000	
应收账款		103 500	
	广华公司	100 000	
	李杰	3 500	
其他应收款	王华	2 000	
坏账准备			5 000
原材料		401 000	
	甲材料(单价5元/千克,50 000千克)	250 000	
	乙材料(单价7元/千克,15 000千克)	105 000	
	丙材料(单价2元/千克,23 000千克)	46 000	
库存商品		369 000	
	A产品(单价180元/件,900件)	162 000	
	B产品(单价138元/件,1 500件)	207 000	
预付账款		1 300	
	房屋租金	1 000	
	报纸杂志费	300	
固定资产		3 635 000	
累计折旧			160 000
应付账款			22 000

总账科目	明细科目	期初余额	
		借方	贷方
	华天公司		6 000
	南岛公司		16 000
应交税费			60 000
	应交增值税		47 600
	应交城建税		3 332
	应交教育费附加		1 428
	应交所得税		7 640
预收账款			2 860
	修理费用		2 860
短期借款			40 000
应付利息			1 000
实收资本			3 000 000
	张可富		500 000
	天旺股份有限公司		2 500 000
资本公积			91 600
盈余公积			50 000
本年利润			720 000
利润分配	未分配利润		631 140
总账合计		4 783 600	4 783 600

6. 2019 年 12 月发生以下经济业务:

(1) 12 月 1 日,出纳开出转账支票,归还前欠南岛公司货款 16 000 元(收款单位开户行:工商银行丰和支行 账号:88541233)。见原始凭证 12-1-1 至原始凭证 12-1-2。

(2) 12 月 1 日,生产车间领用甲材料 19 000 千克、丙材料 3 000 千克,全部用于 A 产品生产。见原始凭证 12-2。

(3) 12 月 3 日,生产车间领用甲材料 6 000 千克、乙材料 10 000 千克、丙材料 2 000 千克,全部用于 B 产品生产。见原始凭证 12-3。

(4) 12 月 4 日,收到光华股份有限公司投资设备一台,该设备原始价值 90 000 元,已计提折旧 20 000 元,已使用 4 年,双方评估价值为 60 000 元。见原始凭证 12-4-1 至原始凭证12-4-3。

(5) 12 月 4 日,生产车间一般耗用甲材料 3 500 千克、丙材料 2 000 千克。见原始凭证12-5。

(6) 12 月 5 日,向中原贸易公司购进甲材料 15 000 千克,不含税单价 4.98 元/千克;购进乙材料20 000千克,不含税单价6.98元/千克;丙材料20 000千克,不含税单价1.98元/千克,增值税合计33 007元,货款未付。另外开出转账支票支付运费1 200元,增值税108元。材料验收入库,结转其实际采购成本(材料运费按购进材料重量分配)。见原始凭证12-6-1至原始凭证12-6-6。

(7) 12月5日,以银行存款支付上月应交增值税47 600元、城建税3 332元、教育费附加1 428元。见原始凭证12-7-1至原始凭证12-7-2。

(8) 12月9日,生产车间领用甲材料13 000千克、丙材料7 000千克,全部用于B产品生产。见原始凭证12-8。

(9) 12月9日,生产车间领用丙材料8 000千克,全部用于生产A产品;管理部门领用丙材料1 000千克。见原始凭证12-9-1、原始凭证12-9-2。

(10) 12月9日,以银行存款支付养老保险费20 800元、医疗保险费7 800元。见原始凭证12-10-1、原始凭证12-10-2。

(11) 12月9日,销售给蓝天贸易公司(统一社会信用代码:913601040976123451;地址:南昌市胜利路87号;电话:0791-89896755;开户行:工行胜利路支行;账号:8765672697355)B产品1 500件,不含税单价200元/件,计300 000元,销项税39 000元,款已收到存入银行。见原始凭证12-11-1至原始凭证12-11-3。

(12) 12月9日,计提本月借款利息(原7月借入短期借款40 000元),按年借款利率6%计算。见原始凭证12-12。

(13) 12月10日,出纳员开出转账支票130 000元,发放本月职工工资。见原始凭证12-13-1至原始凭证12-13-3。

(14) 12月12日,销售部门报销展览费500元,增值税30元,以现金支付。见原始凭证12-14-1、原始凭证12-14-2。

(15) 12月18日,签发银行现金支票一张4 000元,提取现金以备零用。现金支票见原始凭证12-15。

(16) 12月19日,总经理办公室张江预借差旅费2 500元,以现金付讫。见原始凭证12-16。

(17) 12月20日,出纳开出转账支票支付南昌市时为广告公司(统一社会信用代码:913601023567788805;地址:南昌市上海路108号;电话0791-86000018;开户行:工行南昌市上海路支行;账号:23490457798)广告费3 000元,增值税180元。见原始凭证12-17-1至原始凭证12-17-3。

(18) 12月20日,开出转账支票南昌市邮政局(开户银行:工行孺子路支行,账号:8725978997815)预付下一年度报纸杂志费1 496元。见原始凭证12-18-1至原始凭证12-18-3。

(19) 12月26日,张江出差归来报销差旅费,公司补付现金,每天补助200元。见原始凭证12-19-1至原始凭证12-19-4。

(20) 12月28日,管理部门李小华报销办公用品200元。见原始凭证12-20-1、原始凭证12-20-2。

(21) 12月31日,结算本月职工工资,其中,生产A产品工人工资40 000元,生产B产品工人工资60 000元,车间管理人员工资15 000元,企业管理人员工资15 000元。见原始凭证12-21。

(22) 12 月 31 日,分别按职工工资总额的 16%、6% 计提养老保险费、医疗保险费。见原始凭证 12-22-1、原始凭证 12-22-2。

(23) 12 月 31 日,用银行存款支付(南昌市供电公司统一社会信用代码:913601021362893 562;地址:南昌市叠山路 102 号;电话:0791-86301689;开户行:工行叠山路支行,账号:7000876561457)本月电费,其中,车间 3 080 元,行政管理部门 1 860 元,支付增值税 642.20 元。见原始凭证 12-23-1 至原始证凭证 12-23-3。

(24) 12 月 31 日,计提本月固定资产折旧费,其中,生产车间固定资产应提 2 000 元,企业行政管理部门固定资产应提 1 200 元。见原始凭证 12-24。

(25) 12 月 31 日,摊销本月应由行政管理部门负担的房屋租金费用 1 000 元;摊销应由生产车间负担杂志费 100 元,厂部管理部门负担杂志费 200 元。见原始凭证 12-25。

(26) 12 月 31 日,结转本月发生的制造费用(按工人工资比例分配)。见原始凭证 12-26。

(27) 12 月 31 日,本月投入生产的 A 产品 1 000 件、B 产品 2 000 件已全部完工,结转入库。见原始凭证 12-27-1、原始凭证 12-27-2。

(28) 12 月 31 日,结转已销 B 产品 1 500 件的实际生产成本。见原始凭证 12-28。

(29) 12 月 31 日,收到南海公司交来违约金 1 200 元。见原始凭证 12-29。

(30) 12 月 31 日,计算本月应缴纳的城建税、教育费附加。见原始凭证 12-30。

(31) 12 月 31 日,结转损益类账户,计算本月实现的利润总额。见原始凭证 12-31。

(32) 12 月 31 日,按本月利润总额的 25% 计算应交企业所得税。见原始凭证 12-32。

(33) 12 月 31 日,将"所得税费用"账户余额转入"本年利润"账户。无原始凭证。

(34) 12 月 31 日,将本年实现的净利润转入"利润分配——未分配利润"账户。无原始凭证。

(35) 12 月 31 日,按本年税后利润的 10% 提取法定盈余公积、按 30% 计算应付给投资者的利润。见原始凭证 12-35。

(36) 12 月 31 日,将"利润分配"账户各明细账户的余额转入"利润分配——未分配利润"账户。见原始凭证 12-36。

原始凭证 12-1-1

<table>
<tr>
<td colspan="2">
中国工商银行
转账支票存根
17223558
10484609

附加信息 _____
_____

出票日期　年　月　日
<table>
<tr><td>收款人：</td></tr>
<tr><td>金　额：</td></tr>
<tr><td>用　途：</td></tr>
</table>
单位主管　　　会计
</td>
<td>
付款期限自出票之日起十天
</td>
<td>
中国工商银行　转账支票　**17223558**
10484609

出票日期(大写)　年　月　日　　付款行名称：
收款人：　　　　　　　　　　　出票人账号：

<table>
<tr><td>人民币
(大写)</td><td>亿</td><td>千</td><td>百</td><td>十</td><td>万</td><td>千</td><td>百</td><td>十</td><td>元</td><td>角</td><td>分</td></tr>
<tr><td></td><td></td><td></td><td></td><td></td><td></td><td></td><td></td><td></td><td></td><td></td><td></td></tr>
</table>

用途 _____　　　　密码 _____
上列款项请从　　　　　　行号 _____
我账户内支付
出票人签章

（财务专用章）　（刘萍印章）　复核　记账
</td>
</tr>
</table>

原始凭证 12-1-2

ICBC　中国工商银行　　　　　　　进账单(回　单) **1**

<table>
<tr>
<td rowspan="3">出票人</td>
<td>全　称</td>
<td></td>
<td rowspan="3">收款人</td>
<td>全　称</td>
<td colspan="11"></td>
<td rowspan="6">此联是开户银行交给持(出)票人的回单</td>
</tr>
<tr>
<td>账　号</td>
<td></td>
<td>账　号</td>
<td colspan="11"></td>
</tr>
<tr>
<td>开户银行</td>
<td></td>
<td>开户银行</td>
<td colspan="11"></td>
</tr>
<tr>
<td rowspan="2">金额</td>
<td>人民币
(大写)</td>
<td></td>
<td></td>
<td></td>
<td>亿</td>
<td>千</td>
<td>百</td>
<td>十</td>
<td>万</td>
<td>千</td>
<td>百</td>
<td>十</td>
<td>元</td>
<td>角</td>
<td>分</td>
</tr>
<tr>
<td></td>
<td></td>
<td></td>
<td></td>
<td></td>
<td></td>
<td></td>
<td></td>
<td></td>
<td></td>
<td></td>
<td></td>
<td></td>
<td></td>
</tr>
<tr>
<td>票据种类</td>
<td></td>
<td>票据张数</td>
<td colspan="12" rowspan="2"></td>
</tr>
<tr>
<td>票据号码</td>
<td></td>
<td colspan="2"></td>
</tr>
<tr>
<td colspan="4">　　　复核　　记账</td>
<td colspan="13">2019.12.01　转讫(01)　开户银行签章　（章）</td>
</tr>
</table>

原始凭证 12-2

领　料　单

领料单位：　　　　　　　　　　　　　　　　　　　　编号：

用途：　　　　　　　　　　年　月　日　　　　　　仓库：

<table>
<tr>
<td rowspan="2">材料
类别</td>
<td rowspan="2">材料
编号</td>
<td rowspan="2">材料名称及规格</td>
<td rowspan="2">计量
单位</td>
<td colspan="2">数　量</td>
<td rowspan="2">单　价</td>
<td rowspan="2">金　额
（元）</td>
<td rowspan="6">第二联　记账联</td>
</tr>
<tr>
<td>请领</td>
<td>实领</td>
</tr>
<tr><td></td><td></td><td></td><td></td><td></td><td></td><td></td><td></td></tr>
<tr><td></td><td></td><td></td><td></td><td></td><td></td><td></td><td></td></tr>
<tr><td></td><td></td><td></td><td></td><td></td><td></td><td></td><td></td></tr>
<tr><td colspan="4">合　计</td><td></td><td></td><td></td><td></td></tr>
</table>

记账：　　　　发料：　　　　领料部门负责人：　　　　领料：

原始凭证 12－3

领 料 单

领料单位：　　　　　　　　　　　　　　　　　　　　　　　　编号：

用途：　　　　　　　　　　　年　月　日　　　　　　　　　　仓库：

材料类别	材料编号	材料名称及规格	计量单位	数量		单价	金额（元）
				请领	实领		
		合　计					

记账：　　　　　发料：　　　　　领料部门负责人：　　　　　领料：

第二联　记账联

原始凭证 12－4－1

投资协议书（摘录）

投出单位：光华股份有限公司

投入单位：洪华有限责任公司

……

第三、光华股份有限公司向洪华有限责任公司投入设备一台，已使用4年。

第四、光华股份有限公司投资后所拥有的洪华有限责任公司权益以该设备评估价为准。

第五、光华股份有限公司必须在2019年12月4日前出资，并办妥有关产权转让手续。

……

原始凭证 12－4－2

资产评估报告表

评估委托单位：光华股份有限公司　评估时间：2019年12月1日　　　　　编号：120

万元

序号	资产名称	产地	计量单位	数量	账面价值			评估价值	备注
					原值	已提折旧	净值		
1	设备		台	1	9	2	7	6	

评估单位：　　　　　　　　评估人：杨洪　　　　　　　评估负责人：李立

原始凭证 12 - 4 - 3

固定资产验收单

2019 年 12 月 4 日　　　　　　　　　　　　　　编号:001

万元

资产名称	规格型号	计量单位	预计使用年限	尚可使用年限	数量	账面价值			评估价值	备注
						原值	已提折旧	净值		
设备		台	10	6	1	9	2	7	6	

交验部门:　　　　接管部门:生产车间　　　　接管人:严华　　　　主　管:王民

原始凭证 12 - 5

领 料 单

领料单位:　　　　　　　　　　　　　　　　　　　编号:

用途:　　　　　　　　　　年　月　日　　　　　　仓库:

材料类别	材料编号	材料名称及规格	计量单位	数　量		单　价	金　额（元）
				请领	实领		
合　计							

记账:　　　　　　发料:　　　　　领料部门负责人:　　　　　领料:

第二联　记账联

原始凭证 12 - 6 - 1

3600053620　　江西增值税专用发票　No 21567859　3600053620
21567859

开票日期：2019 年 12 月 05 日

购货方	名　称：洪华有限责任公司 纳税人识别号：913601035677123413 地　址、电话：南昌市滨江路168号 0791-86968889 开户行及账号：工行南昌滨江路支行 082124357689	密码区	06/－3947/－>59＊<818<41＊＊－0> <61>＊7)/0/433>2＊3－0＋672<7＊ 36000 53620 5＋－<<51＋41＋>＊>58＊8460 215 67859 190012<42＋＊31/58>>81

货物或应税劳务、服务名称	规格型号	单位	数量	单价	金额	税率	税额
甲材料		千克	15 000	4.98	74 700.00	13%	9 711.00
乙材料		千克	20 000	6.98	139 600.00	13%	18 148.00
丙材料		千克	20 000	1.98	39 600.00	13%	5 148.00
合　计			55 000		￥253 900.00		￥33 007.00

价税合计（大写）	⊗ 贰拾捌万陆仟玖佰零柒元整	（小写）￥286 907.00

销货方	名　称：南昌市中原贸易公司 纳税人识别号：913601027788999001 地　址、电话：南昌市子固路2号 0791-83444555 开户行及账号：工行南昌子固路支行 654343334566	备注	

南昌市中原贸易公司
913601027788999001
发票专用章

收款人：张芝　　复核：王桂花　　开票人：李鸣　　　销货单位：（章）

第三联　发票联　购货方记账凭证

原始凭证 12 - 6 - 2

中国工商银行
转账支票存根
17223558
10484610

附加信息 _____

_____

出票日期　　年　　月　　日		
收款人：		
金　额：		
用　途：		
备　注：		

单位主管　　　　　　会计

原始凭证 12 - 6 - 3

	3600163420	江西增值税专用发票 发票联	№00233041	3600163420 00233041

开票日期：2019 年 12 月 05 日

购货方	名　　　称：洪华有限责任公司 纳税人识别号：913601035677123413 地　址、电话：南昌市滨江路168号 0791-86968889 开户行及账号：工行南昌滨江路支行 082124357689	密码区	07／－3947／－>59＊<818<9＊＊－0> <56>＊7>/933>2＊3－0＋672<7 36 00121570 1＋－<<51＋41＋>＊>58＊8460 21567859 7958765<56＋＊31/58>>00

货物或应税劳务、服务名称	规格型号	单位	数量	单价	金额	税率	税额
运费		千克	55 000.00	0.021 818 2	1 200.00	9%	108.00
合　　计					￥1 200.00		￥108.00

价税合计（大写）	⊗壹仟叁佰零捌元整	（小写）￥1 308.00

销货方	名　　　称：南昌天天运输有限公司 纳税人识别号：913601661788999802 地　址、电话：南昌市创新路120号 0791-86239600 开户行及账号：工行南昌市创新路支行 56872314324	备注	

收款人：章洁　　　复核：孙磊　　　开票人：陈晨　　　销货单位：(章)

第三联：发票联 购货方记账凭证

南昌天天汽车运输公司 913601661788999802 发票专用章

原始凭证 12 - 6 - 4

ICBC （工） 中国工商银行　　　　　　进账单(回　单) **1**

出票人	全　　称		收款人	全　　称	
	账　　号			账　　号	
	开户银行			开户银行	

金额	人民币（大写）		亿	千	百	十	万	千	百	十	元	角	分

票据种类		票据张数	
票据号码			

复核　　记账　　　　　　　　2019.12.05 转讫(01) 开户银行签章　（章）

此联是开户银行交给持（出）票人的回单

原始凭证 12－6－5

收 料 单

供应单位：   编号
发票号：   年　月　日   仓库：   元

材料类别	材料名称	规格	数量		计量单位	单价	发票金额	运杂费	合　计							
			应收	实收					十	万	千	百	十	元	角	分
备注																

材料会计：   验收人：   交料人：   保管员：

第二联　记账联

原始凭证 12－6－6

运费分配表
年　月　日   元

材料名称	材料重量（千克）	分配率	分配金额
甲材料			
乙材料			
丙材料			
合　计			

制表：   会计：   复核：   主管：

原始凭证 12‑7‑1

中国工商银行电子缴税付款凭证

转账日期:2019 年 12 月 05 日　　　　　　　　　　　　　凭证字号:20191205025456

纳税人全称及纳税人识别号:洪华有限责任公司 913601035627123413

付款人全称:洪华有限责任公司

付款人账号:082124357689　　　　　　　　　征收机关名称:南昌市国家税务局滨江分局
付款人开户银行:　工行南昌滨江路支行　　　　收款国库(银行)名称:国家金库南昌市滨江支库
小写(合计)金额:¥47 600.00　　　　　　　　缴款书交易流水号:31762789
大写(合计)金额:肆万柒仟陆佰元整　　　　　　税票号码:3201612050000614567

税(费)种名称	所属日期	实缴金额
增值税	20191101—20191130	¥47 600.00

2019.12.05　转讫（01）

　　　第二联　作付款回单(无银行收讫章无效)　　　　　　　　　　复核　　　记账

原始凭证 12‑7‑2

中国工商银行电子缴税付款凭证

转账日期:2019 年 12 月 05 日　　　　　　　　　　　　　凭证字号:20191205022467

纳税人全称及纳税人识别号:洪华有限责任公司 913601035627123413

付款人全称:洪华有限责任公司

付款人账号:082124357689　　　　　　　　　征收机关名称:南昌市国家税务局滨江分局
付款人开户银行:　工行南昌滨江路支行　　　　收款国库(银行)名称:国家金库南昌市滨江支库
小写(合计)金额:¥4 760.00　　　　　　　　　缴款书交易流水号:29805221
大写(合计)金额:肆仟柒佰陆拾元整　　　　　　税票号码:3201612050000018936

税(费)种名称	所属日期	实缴金额
城市维护建设税	20191101—20191130	¥3 332.00
教育费附加	20191101—20191130	¥1 428.00

2019.12.05　转讫（01）

　　　第二联　作付款回单(无银行收讫章无效)　　　　　　　　　　复核　　　记账

原始凭证 12－8

领 料 单

领料单位：　　　　　　　　　　　　　　　　　　　　　　　编号：

用途：　　　　　　　　　　　　　年　月　日　　　　　　　仓库：　　　元

材料类别	材料编号	材料名称及规格	计量单位	数　量		单　价	金　额
				请领	实领		
合　计							

记账：　　　　　　　发料：　　　　　领料部门负责人：　　　　领料：

第二联　记账联

原始凭证 12－9－1

领 料 单

领料单位：　　　　　　　　　　　　　　　　　　　　　　　编号：

用途：　　　　　　　　　　　　　年　月　日　　　　　　　仓库：　　　元

材料类别	材料编号	材料名称及规格	计量单位	数　量		单　价	金　额
				请领	实领		
合　计							

记账：　　　　　　　发料：　　　　　领料部门负责人：　　　　领料：

第二联　记账联

原始凭证 12－9－2

领 料 单

领料单位：　　　　　　　　　　　　　　　　　　　　　　　编号：

用途：　　　　　　　　　　　　　年　月　日　　　　　　　仓库：　　　元

材料类别	材料编号	材料名称及规格	计量单位	数　量		单　价	金　额
				请领	实领		
合　计							

记账：　　　　　　　发料：　　　　　领料部门负责人：　　　　领料：

第二联　记账联

原始凭证 12－10－1

ICB 🔄 中国工商银行

网上银行转账凭证（付账通知）

记账日期：2019－12－09	检：201912094532

付款人户名：洪华有限责任公司	付款人账号：082124357689
收款人户名：南昌市社会保险管理中心	收款人账号：188066018110051090

金额：人民币(大写)贰万捌仟陆佰元整	￥28 600.00

付款行行名：工行滨江路支行	
收款行行名：江西银行子固路支行	中国工商银行股份有限公司南昌滨江路支行
用途：社会保险费	2019.12.09 核算用章（02）

卡号：	打印时间：2019－12－09　　15：49
银行验证码　　78178902108	打印方式：柜面打印　　　已打印次数 1 次
地区号：1502　　网点号：1502435	授权柜员号：　　　　　设备编号：D0127890

原始凭证 12－10－2

江西省社会保险费缴款专用收据

2019 年 12 月 9 日　　　　　　　　(2019)No：00345516

（财政部监制）

收款人	全　称	南昌市社会保险管理中心	缴款人	全　称	洪华有限责任公司
	账　号	188066018110051090		个人编号	
	开户银行	江西银行子固路支行		姓　名	
金额	人（	贰万捌仟陆佰元整			￥28 600.00

款项内容	缴费起止时间	自 2019 年 11 月起至 2019 年 11 月止			
	本　金	滞纳金	利息	备注：	
企业基本养老保险	20 800.00	0.00	0.00		
基本医疗保险	7 800.00	0.00	0.00		

单位盖章：　　　　　　　　　　　　　　　　　　　　业务员：

第二联　收据

原始凭证 12 - 11 - 1

3600053456　江西增值税专用发票　No 00567598　3600053456

国家统一发票监制　国家税务总局监制

此联不作报销、扣税凭证使用

开票日期：　年　月　日

00567598

购货方	名　　　称：
	纳税人识别号：
	地 址 、电 话：
	开户行及账号：

密码区

06/－3947/－>59＊818<41＊＊－0>
<56>＊7>/0/433>2＊3－0＋672<7＊36
00053456 5＋－<<51＋41＋>＊58＊84
6000567598 190012<42＋＊31/58>>81

第一联 记账联 销货方记账凭证

货物或应税劳务、服务名称	规格型号	单位	数量	单价	金额	税率	税额
合　计							

价税合计（大写）		（小写）

拱华有限责任公司
913601035677123413
发票专用章

销货方	名　　　称：
	纳税人识别号：
	地 址 、电 话：
	开户行及账号：

备注　360103567712341

收款人：　　复核：　　开票人：　　销货单位：（章）

原始凭证 12 - 11 - 2

产品出库单
（记账联）

购货单位：

出库编号：533324

仓库名称：　　　年　月　日　　　元

产品去向	产品名称	产品规格	计量单位	数量	单价	金额
合　　计						

经办人：　　销售部门负责人：　　仓库管理员：　　仓库负责人：

原始凭证 12 - 11 - 3

| ICBC | 中国工商银行 | 进账单（回 单） | 1 |

2019 年 12 月 09 日

出票人	全 称	蓝天贸易公司		收款人	全 称	洪华有限责任公司	
	账 号	8765672697355			账 号	082124357689	
	开户银行	工行南昌胜利路支行			开户银行	工行南昌滨江路支行	

金额	人民币（大写）	叁拾伍万壹仟元整	亿	千	百	十	万	千	百	十	元	角	分
				¥	3	5	1	0	0	0	0	0	0

票据种类	转账支票	票据张数	1
票据号码	00473429		

复核 记账 2019.12.09

中国工商银行股份有限公司南昌滨江路支行

转讫 （01） 开户银行签章（章）

此联是开户银行交给持（出）票人的回单

原始凭证 12 - 12

借款利息计算表

年 月 日   元

用 途	借款本金	借款年利率(%)	借款月利息
生产经营			
合 计			

主管：   审核：   制单：

原始凭证 12 - 13 - 1

中国工商银行转账支票存根	中国工商银行 转账支票 17223558

17223558

10484612

附加信息

_____

出票日期   年 月 日

| 收款人： |
| 金 额： |
| 用 途： |

单位主管   会计

付款期限自出票之日起十天

10484612

出票日期（大写）   年 月 日   付款行名称：
收款人：   出票人账号：

人民币（大写）	亿	千	百	十	万	千	百	十	元	角	分

用途   密码 _____
上列款项请从   行号 _____
我账户内支付
出票人签章   财务专用章

洪华有限责任公司

刘萍印章   复核   记账

原始凭证 12-13-2

ICBC 中国工商银行　进账单（回　单）　1

2019 年 12 月 10 日

出票人	全　称	洪华有限责任公司	收款人	全　称	洪华有限责任公司
	账　号	082124357689		账　号	072124357689
	开户银行	工行南昌滨江路支行		开户银行	工行南昌滨江路支行

金额	人民币（大写）	壹拾叁万元整	亿	千	百	十	万	千	百	十	元	角	分
					¥	1	3	0	0	0	0	0	0

票据种类	转账支票	票据张数	1
票据号码	10484612		

中国工商银行股份有限公司南昌滨江路支行
2019.12.10
转讫（01）

复核　　记账　　　转讫（01）　开户银行签章（章）

此联是开户银行交给持（出）票人的回单

原始凭证 12-13-3

工资结算汇总表

2019 年 12 月 10 日

元

部门	人员类别	职工人数	基本工资	经常性奖金	津贴和补贴			应扣工资		应付工资	代扣款项				实发工资
					物价补贴	夜班补贴	住房补贴	病假	事假		水电费	房租费	保险费	小计	
生产车间	生产人员		86 000		8 400	5 600				100 000					100 000
	管理人员		8 600		4 700	1 700				15 000					15 000
	小　计		94 600	13 100	7 300					115 000					115 000
企业管理人员			9 600		5 400					15 000					15 000
合　计			104 200	18 500	7 300					130 000					130 000

劳资主管：李丽　　　审核：华英　　　制表：　　　会计主管：　　　核算：

原始凭证 12－14－1

报　销　单
年　　月　　日

部门		经办人		
金额	人民币(大写)			￥
内容			现金付讫	
实物保管签名验收：				附件＿＿＿＿张
备注：		上列支出项目经审核同意报销 财务负责人： 会计科目:借：＿＿＿＿＿＿ 贷：＿＿＿＿＿＿		

原始凭证 12－14－2

3600017890	江西增值税专用发票	No 01505326	3600017890 01505326

开票日期:2019 年 12 月 12 日

购货方	名　　称:洪华有限责任公司 纳税人识别号:913601035677123413 地　址、电话:南昌市滨江路168号　0791-86968889 开户行及账号:工行南昌滨江路支行　082124357689	密码区	67/－3047/－>59＊<818<9＊＊－0> <61>＊7>/433>2＊3－0＋672<7 3220 121620 1＋<<51＋41＋>＊>58＊84 013 2 3712 7658006<56＊＊31/59>>45

货物或应税劳务、服务名称	规格型号	单位	数量	单价	金额	税率	税额
产品展览费					500.00	6%	30.00
合　　计					￥500.00		￥30.00

价税合计 （大写）	⊗伍佰叁拾元整		￥530.00

销货方	名　　称:南昌威尔文化有限公司 纳税人识别号:913601027543333401 地　址、电话:南昌市南京西路 209 号　0791-86897023 开户行及账号:工行南昌市南京西路支行　97890457000	备注	

收款人:**吴优**　　　　复核:**钱亮**　　　　开票人:**万明**　　　　销货单位:(章)

第三联：发票联　购货方记账凭证

原始凭证 12－15

中国工商银行
现金支票存根
17223548

00395612

附加信息

出票日期　年　月　日

收款人：

金　额：

用　途：

单位主管　　　会计

付款期限自出票之日起十天

中国工商银行　现金支票　**17223548**

00395612

出票日期(大写)　年　月　日　　付款行名称：

收款人：　　　　　　　　　　　　出票人账号：

人民币
(大写)

亿	千	百	十	万	千	百	十	元	角	分

用途：　　　　　　　　密码

上列款项请从
我账户内支付
出票人签章　财务专用章

刘萍印章　　复核　记账

原始凭证 12－16

借　款　单

年　月　日

部门		借款事由		
借款金额	金额(大写)	现金付讫		¥
批准金额	金额(大写)			¥
领导		财务主管		借款人

原始凭证 12－17－1

3600017890　江西增值税专用发票　No 01012452　3600017890

01012452

开票日期：2019 年 12 月 20 日

购货方	名　　称：洪华有限责任公司 纳税人识别号：913601035677123413 地　址、电话：南昌市滨江路168号　0791-86968889 开户行及账号：工行滨江路支行　082124357689	密码区	67/－3047/－>59＊<818<9＊＊－0> <61＊7>/433>2＊3－0＋672<7 322 0121620 1＋<<51＋41＋>＊>58＊84 013 23712 7658006<56＋＊31/59>>45

第三联：发票联　购货方记账凭证

货物或应税劳务、服务名称	规格型号	单位	数量	单价	金额	税率	税额
广告费					3 000.00	6%	180.00
合　计					¥3 000.00		¥180.00

价税合计(大写)	⊗叁仟壹佰捌拾元整	(小写)¥3 180.00

销货方	名　　称：南昌市时为广告公司 纳税人识别号：913601023567788805 地　址、电话：南昌市上海路108号　0791-86000018 开户行及账号：工行南昌市上海路支行　23490457798	南昌时为广告公司 913601023567788805 发票专用章

收款人：刘欣　　复核：陆涛　　开票人：陈剑　　销货单位：(章)

原始凭证 12－17－2

中国工商银行 转账支票存根 **17223558** 10484611
附加信息
出票日期 年 月 日
收款人：
金 额：
用 途：
单位主管 会计

付款期限自出票之日起十天

中国工商银行　转账支票　**17223558**

10484611

出票日期（大写）　年　月　日　　付款行名称：

收款人：　　　　　　　　　　　　　　出票人账号：

人民币 （大写）	亿	千	百	十	万	千	百	十	元	角	分

用途　　　　　　　　　　　　密码

上列款项请从　　　　　　　　行号

我账户内支付

出票人签章　财务专用章　　　　　刘萍印章　　复核　　记账

原始凭证 12－17－3

ICBC　中国工商银行　　　　　　　　进账单（回　　单）　**1**

出 票 人	全 称		收 款 人	全 称	
	账 号			账 号	
	开户银行			开户银行	

金 额	人民币 （大写）		亿	千	百	十	万	千	百	十	元	角	分

票据种类	转账支票	票据张数	
票据号码			

2019.12.20

转讫(01)

复核　　记账　　　　开户银行签章　（章）

此联是开户银行交给持（出）票人的回单

原始凭证 12－18－1

中国邮政
CHINA POST

中国邮政集团公司南昌市分公司机打发票

发票代号:1360112253011

开票日期:2019 年 12 月 20 日　　　行业分类:邮政业务　　　发票号码:00090916

付款方名称:洪华有限责任公司

项目名称	邮件号码	数量	金额	备注
报刊费		4	1 496.00	

合计人民币(大写):壹仟肆佰玖拾陆元整　　　　　　　　　　小写:1 496.00

收款方名称:南昌市滨江路支局

913601014911046552
发票专用章

开票人:卫委

第一联发票联（购货单位付款凭证）

原始凭证 12－18－2

中国工商银行
转账支票存根
17223558
10484612

附加信息

出票日期　　年　月　日

收款人:

金额:

用途:

单位主管　　会计

原始凭证 12 - 18 - 3

ICBC 🏦 中国工商银行		进账单（回　单）　**1**

<table>
<tr><td rowspan="3">出票人</td><td>全　称</td><td></td><td rowspan="3">收款人</td><td>全　称</td><td></td></tr>
<tr><td>账　号</td><td></td><td>账　号</td><td></td></tr>
<tr><td>开户银行</td><td></td><td>开户银行</td><td></td></tr>
<tr><td>金额</td><td>人民币
（大写）</td><td></td><td colspan="3">亿　千　百　十　万　千　百　十　元　角　分</td></tr>
<tr><td>票据种类</td><td></td><td>票据张数</td><td></td><td></td><td></td></tr>
<tr><td>票据号码</td><td></td><td></td><td></td><td></td><td></td></tr>
<tr><td colspan="3">复核　　记账</td><td colspan="3">2019.12.20
转讫(01)
开户银行签章　（章）</td></tr>
</table>

此联是开户银行交给持（出）票人的回单

原始凭证 12 - 19 - 1

差旅费报销单
年　月　日

<table>
<tr><td>姓　名</td><td></td><td colspan="2">出差事由</td><td colspan="2">部门开会</td><td colspan="3">出差自　年　月　日
至　　年　月　日</td><td colspan="2">共　　天</td></tr>
<tr><td colspan="6">起讫时间及地点</td><td colspan="2">车船票</td><td colspan="3">夜间乘车补助费</td><td colspan="3">出差乘补费</td><td>住宿费</td><td colspan="2">其他</td></tr>
<tr><td>月</td><td>日</td><td>起</td><td>月</td><td>日</td><td>讫</td><td>类别</td><td>金额</td><td>时间</td><td>标准</td><td>金额</td><td>日数</td><td>标准</td><td>金额</td><td>金额</td><td>摘要</td><td>金额</td></tr>
<tr><td></td><td></td><td></td><td></td><td></td><td></td><td></td><td></td><td></td><td></td><td></td><td></td><td></td><td></td><td></td><td></td><td></td></tr>
<tr><td></td><td></td><td></td><td></td><td></td><td></td><td></td><td></td><td></td><td></td><td></td><td></td><td></td><td></td><td></td><td></td><td></td></tr>
<tr><td></td><td></td><td></td><td></td><td></td><td></td><td></td><td></td><td></td><td></td><td></td><td></td><td></td><td></td><td></td><td></td><td></td></tr>
<tr><td colspan="6">小计</td><td></td><td></td><td></td><td></td><td></td><td></td><td></td><td></td><td></td><td></td><td></td></tr>
<tr><td colspan="17">合计金额(大写)：</td></tr>
<tr><td colspan="17">备注:预借　　　　核销　　　　退补</td></tr>
</table>

附单据　共　张

单位领导：　　　财务主管：　　　审核：　　　填报人：

原始凭证 12 - 19 - 2

```
S051112                     售票口 A19

南　昌   ──D2236──→   成都东站
Nanchang                  Chengdudong
2019 年 12 月 20 日 8:40 开    04 车 08 号
￥435.5 元                二等座
限乘当日当次车

3601021964 **** 5212  张江
25403301160801S05112  南昌售
```

原始凭证 12－19－3

A064855	售票口 A8

成都东站　　　　D2238　　　　南　昌
Chengdudong　　　　　→　　　　NanChang
2019 年 12 月 24 日 09:11 开　　　6 车 08 号
￥435.5 元　　　　　　　　　　　　二等座
限乘当日当次车

3601021964 **** 5212　张江
51402231160378 A00943　成都售

原始凭证 12－19－4

5101077856　四川增值税专用发票　　No 02218456　　5101077856
　　　　　　　　　发票联　　　　　　　　　　　　　　02218456
校验码:59909 98665 03234　　　　　开票日期:2019 年 12 月 24 日

购货方	名　　　称:洪华有限责任公司 纳税人识别号:913601035677123413 地　址、电话:南昌市滨江路 168 号 0791－86968889 开户行及账号:工行南昌滨江路支行 082124357689		密码区	67/－3047/－>59 * <818<9 * * －0> <61> * 7>/433>2 * 3－0＋672<7 3220 121620 1+<<51+41+> * >58 * 84 013 2 3712 7658006<56＋ * 31/59>>45			
货物或应税劳务、服务名称	规格型号	单位	数量	单价	金额	税率	税额
住宿费		天	4	200.00	800.00	6%	48.00
合　　计							￥48.00
价税合计(大写)	⊗捌佰肆拾捌元整				(小写)￥848.00		
销货方	名　　　称:成都市心仪快捷酒店 纳税人识别号:915101075556663212 地　址、电话:成都市武侯路 27 号 028－87030887 开户行及账号:工行成都市武侯路支行 35420457604		备注				

收款人:罗丽　　　复核:占建　　　开票人:李明　　　销货单位(章)

成都市心仪快捷酒店
915101075556663212
发票专用章
5101005456754

第二联:发票联　购货方记账凭证

原始凭证 12－20－1

报 销 单

年　月　日

部门		经办人			
金额	人民币（大写）			￥	现金付讫
内容					
实物保管签名验收：				附件＿＿＿＿张	
备注：		上列支出项目经审核同意报销 　　财务负责人： 　　会计科目:借：＿＿＿＿＿ 　　　　　　　贷：＿＿＿＿＿＿			

会计：　　　　　　　　　　　　　　　　　　　　出纳：

原始凭证 12－20－2

江西增值税电子普通发票

发票代号:236000401267
发票号码:43166710
开票日期:2019 年 12 月 28 日
校 验 码:54362 01190 00102

机器编码:661817671771

购货方	名　　称:洪华有限责任公司 纳税人识别号:913601035677123413 地 址 、电 话:南昌市滨江路 168 号 　　　　　　　0791－86968889 开户行及账号:工行南昌滨江路支行 　　　　　　　082124357689	密码区	26963＋1/－＞59＊＜818＜9 ＊＊－0＞ ＜61＞＊7＞/433＞2＊3－0＋672＜7＞2＊3220 12162 1＋＜＜51＋41＋＞＊＞58＊84－－01323 7 120 1/6612348737＊＜5963＞4＊8/59＞＞99

货物或应税劳务、服务名称	规格型号	单位	数量	单价	金额	税率	税额
办公用品		本	20	10.00	200.00	13%	26.00
合　　计					￥200.00		￥226.00

价税合计（大写）	⊗贰佰贰拾陆元整	（小写）　￥226.00

销货方	名　　称:南昌市百货大楼股份有限公司 纳税人识别号:913601001583616740 地 址 、电 话:江西省南昌市东湖区中山路 1 号 　　　　　　　0791－86222492 开户行及账号:工行南昌胜利路支行 　　　　　　　15022070234 76150674	备注	

收款人：　　　　复核：　　　　开票人:管理员　　　　销货单位(章)

第三联：发票联　购货方记账凭证

原始凭证 12 - 21

工资分配汇总表

年 月 日
元

部 门		分配金额
车间生产	A 产品工人	
	B 产品工人	
管理人员		
厂部管理人员		
合 计		

主管: 审核: 制单:

原始凭证 12 - 22 - 1

医疗保险费计提表

年 月 日
元

部 门		工资总额	计提比例(%)	计提金额
车间生产	A 产品工人			
	B 产品工人			
管理人员				
厂部管理人员				
合 计				

主管: 审核: 制单:

原始凭证 12 - 22 - 2

养老保险费计提表

年 月 日
元

部 门		工资总额	计提比例(%)	计提金额
车间生产	A 产品工人			
	B 产品工人			
管理人员				
厂部管理人员				
合 计				

主管: 审核: 制单:

原始凭证 12-23-1

| 3600081368 | 江西增值税专用发票 | № 01538657 | 3600081368 |
| | | | 01538657 |

开票日期：2019 年 12 月 31 日

购货方	名　　称：洪华有限责任公司
	纳税人识别号：913601035677123413
	地址、电话：南昌市滨江路168号 0791-86968889
	开户行及账号：工行南昌滨江路支行　082124357689

密码区：
```
06/－3947/－>59＊<818<41＊＊－0>
<56＊7>/0/433>2＊3－0＋672<7＊ 36
00081368 5＋－<<51＋41＋>＊>58＊8460
01538657 190012<42＋＊31/58>>81
```

货物或应税劳务、服务名称	规格型号	单位	数量	单价	金额	税率	税额
电费		度	6 175	0.8	4 940.00	13%	642.20
合　　计			6 175		￥4 940.00		￥642.20

| 价税合计（大写） | ⊗伍仟伍佰捌拾贰元贰角整 | （小写）￥5 582.20 |

销货方	名　　称：南昌市供电公司
	纳税人识别号：913601021362893562
	地址、电话：南昌市叠山路 102 号 0791-86301689
	开户行及账号：工行南昌叠山路支行 7000876561457

备注

南昌市供电公司
913601021362893562
发票专用章

收款人：陈民　　复核：王蓝　　开票人：魏额　　　　销货单位：（章）

第三联 发票联 购货方记账凭证

原始凭证 12-23-2

ICB ㊅ 中国工商银行

网上银行转账凭证（付账通知）

| 记账日期：2019-12-31 | 检：201912314956 |

| 付款人户名：洪华有限责任公司 | 付款人账号：082124357689 |
| 收款人户名：南昌市供电公司 | 收款人账号：7000876561457 |

| 金额：人民币（大写）　伍仟伍佰捌拾贰元贰角整 | ￥5 582.20 |

| 付款行行名：工行南昌滨江路支行 |
| 收款行行名：工行南昌叠山路支行 |
| 用途：电费 |

中国工商银行股份有限公司南昌滨江路支行
2019.12.31
核算用章（02）

卡号：	打印时间：2019-12-09　16:01
银行验证码　78658904763	打印方式：柜面打印　　已打印次数 1 次
地区号：1502　　网点号：1502435	授权柜员号：　　　设备编号：D0127890

原始凭证 12－23－3

12 月份电费统计表

2019 年 12 月 31 日　　　　　　　　　　　　　　　　　　　元

部　门	用电量/度	单价(元/度)	合计金额
行政管理部门	2 325	0.8	1 860
生产车间	3 850	0.8	3 080
合　计	6 175	0.8	4 940

制表人:耿直

原始凭证 12－24

固定资产折旧计算表

2019 年 12 月 31 日　　　　　　　　　　　　　　　　　　　元

部　门	月初固定资产原值	月折旧率	月折旧额
生产车间	略	略	2 000
厂部	略	略	1 200
合　计			3 200

主管:　　　　　　　　审核:　　　　　　　　制单:

原始凭证 12－25

费用分配表

2019 年 12 月 31 日　　　　　　　　　　　　　　　　　　　元

部　门	房屋租金	报纸杂志费	合　计
生产车间	0	100.00	100.00
厂部	1 000	200.00	1 200.00
合　计	1 000	300.00	1300.00

主管:　　　　　　　　审核:　　　　　　　　制单:

原始凭证 12－26

制造费用分配表

年　　月　　日　　　　　　　　　　　　　　　　　　　　元

产品名称	生产工人工资	分配率	分配金额
A	40 000		
B	60 000		
合　计			

会计主管:　　　　　　　　审核:　　　　　　　　制表:

原始凭证 12－27－1

产品生产成本计算表

年　　月　　日　　　　　　　　　　　　　　　　　　　元

项　　目		A产品（　件）		B产品（　件）	
		总成本	单位成本	总成本	单位成本
直接材料	甲材料				
	乙材料				
	丙材料				
直接人工	工资				
	社会保险费				
制造费用					
合　计					

制表：　　　　　会计：　　　　　复核：　　　　　主管：

原始凭证 12－27－2

产品入库单

（记账联）

NO 34563

生产部门：　　　　　　　　　　年　　月　　日　　　　　　　　　　元

编号	产品名称	规格	计量单位	检验结果		数量		单位成本	总成本
				合格	不合格	应收	实收		
合　　　计									

主管：　　　　　记账：　　　　　仓库保管：　　　　　质量检测：

原始凭证 12－28

已销商品成本计算表

年　　月　　日　　　　　　　　　　　　　　　　　　　元

产品名称	计量单位	数　　量	单位成本	金　　额
合　　计				

会计主管：　　　　　　　　　　　　　制单：

原始凭证 12-29

统一收款收据

（三联单）

年   月   日

交款单位 或交款人		收款方式	
事由_____ 金额(人民币大写)：_____	洪华有限责任公司 财务专用章 ¥	备注：	

收款人：　　　　　　　收款单位(盖章)

原始凭证 12-30

应交税费计算表

单位名称:洪华有限责任公司　　　年　月　日　　　　　　　　元

税种、税目	计税依据		适用税率(%)	应交税金	备 注
	项目	金额			
城建税			7		
教育费附加			3		
合　计					

会计主管：　　　复核：　　　　记账；　　　制单：

原始凭证 12-31

利润总额计算表

年　　月　　日　　　　　　　　元

损益类账户名称	本月发生额		备 注
	借方发生额	贷方发生额	
主营业务收入			
营业外收入			
主营业务成本			
税金及附加			
销售费用			
管理费用			
财务费用			
合　计			

会计主管：　　　复核：　　　　记账：　　　　　制单：

原始凭证 12‑32

应交税费计算表

单位名称:洪华有限责任公司　　　　　　　年　月　日　　　　　　　　　　　　　　元

税种、税目	计税依据		适用税率	应交税金	备　注
	项目	金额			
企业所得税					
合　计					

会计主管:　　　　　　复核:　　　　　　　记账;　　　　　　制单:

原始凭证 12‑35

利润分配计算表

单位名称:洪华有限责任公司　　　　　　　年　月　日　　　　　　　　　　　　　　元

项　目	计算依据		适用比例	金　额	备　注
	项目	金额			
法定盈余公积					
应付现金股利或利润					
合　计					

会计主管:　　　　　　复核:　　　　　　　记账;　　　　　　制单:

原始凭证 12‑36

利润分配明细表

年　月　日　　　　　　　　　　　　　　元

项　目	金　额
计提盈余公积	
应付现金股利或利润	
合　计	

会计主管:　　　　　　复核:　　　　　　　记账:　　　　　　制单,

参考文献

[1] 柳志. 基础会计实训[M]. 长沙：中南大学出版社，2006.

[2] 程淮中. 基础会计实训[M]. 北京：高等教育出版社，2008.

[3] 黄明，郭大伟. 企业会计模拟实训教程（单项实训）[M]. 第 3 版. 大连：东北财经大学出版社，2007.

[4] 关行，何干君. 基础会计与实务习题集[M]. 北京：科学出版社，2004.

[5] 中华财会网，http://www.e521.com.

[6] 李泽岚. 基础会计全真实训[M]. 北京：清华大学出版社，2009.

[7] 财政部会计资格评价中心. 初级会计实务[M]. 北京：经济科学出版社，2019.

图书在版编目(CIP)数据

基础会计习题与项目实训 / 周红缨,赵恒伯主编.
—3 版. —南京:南京大学出版社,2020.1(2022.8 重印)
ISBN 978 - 7 - 305 - 22752 - 3

Ⅰ.①基… Ⅱ.①周… ②赵… Ⅲ.①会计学—高等
职业教育—教学参考资料 Ⅳ.①F230

中国版本图书馆 CIP 数据核字(2019)第 274949 号

出版发行　南京大学出版社
社　　址　南京市汉口路 22 号　　　　邮编　210093
出 版 人　金鑫荣

书　　名　**基础会计习题与项目实训(第三版)**
主　　编　周红缨　赵恒伯
责任编辑　邵　萍　武　坦　　　编辑热线　025 - 83592315

照　　排　南京开卷文化传媒有限公司
印　　刷　南京京新印刷有限公司
开　　本　787×1092　1/16　印张 13.75　字数 361 千
版　　次　2020 年 1 月第 3 版　　2022 年 8 月第 3 次印刷
ISBN　978 - 7 - 305 - 22752 - 3
定　　价　35.00 元

网　　址:http://www.njupco.com
官方微博:http://weibo.com/njupco
微信服务号:njuyuexue
销售咨询热线:(025)83594756